性格3タイプ別の声がけで
自己肯定感が高くなる

わが子がやる気になる伝え方

稲場真由美
Mayumi Inaba

発売：小学館
発行：小学館クリエイティブ

はじめに

「どうして素直に動いてくれないの？」
子育てをしていて、こんなふうに思ったことはありませんか？

宿題しない
お手伝いしない
ゲームやめない
お風呂入らない

「わかった」と言いながら、まったく動く気配がない。
わが子のマイペースな態度には、ついイライラしちゃいますよね。
ほんとうは優しい親でいたいのに、
子どもの態度を見ていると、「早く、早く」と言ってしまう。

あげくの果てには怒鳴ってしまい、自己嫌悪……

「毎日がこの繰り返しで、後からすごく落ちこむんです……」

そんなお母さんの声をたくさん聞いてきました。

でも、これも「親の愛」なのです。だから葛藤するのです。

「わが子をしっかり育てなければ……」と思う親としての愛情と責任感によるものなので、自分を責めたり、落ちこんだりする必要はありません。

でも、このまま放置するのはよくないこと。なんとか改善したいですよね。

ご縁があって、あなたはこの本を手にとってくださいました。

これから紹介するメソッドを知って実践していただけたら、

あなたの子育ては劇的にハッピーになるでしょう。

秘けつは「伝え方」です。

この本では、これまでの育児書にはない、わが子に合った「答え」に出会えます。

人はだれもが、自分のものさしで相手を判断しがちです。わが子のことならなおさらです。多くの親は無意識に「こうしてほしい」「こうなってほしい」という自分なりの願いや基準、子育て観をもって、わが子に接しています。そして、わが子がそのとおりに動いてくれないと、腹が立ったり、心配になったりするのです。

それでは、こうした困った状況はどうすれば解決できるのでしょうか?

結論からお話しすると「ほめる」ことからです。人には「認められたい」という承認欲求があり、これはほめられることで満たされていきます。**ほめてもらうとやる気が出て、行動が変わります。**

だれでも自分にとって大好きな人や尊敬する人からほめられることは、格別のよろこびです。子どもにとっては親が絶対的な存在です。そして、大好きな人であり、必要な人です。だから、親からほめられることは特別なことなのです。**親にほめられた経験は成功体験となり、自信がついて、自己肯定感につながっていきます。**

親御さんに「お子さんをほめていますか?」とたずねると、こんな声が返ってきます。「ほめればいいことはわかっているけど、なかなかできなくて……。叱るほうが多いかも」「ほめ方や、ほめるタイミングがわからなくて」「ほめてばかりいても、つけあがるような気がして……」

そうですね。「ほめる」って意外と難しいものです。

ここで、ちょっと思い出してみてください。

お子さんが赤ちゃんのとき、どうだったでしょうか。ほんの少しハイハイができただけで、大よろこびして「わーっ！　すごい！」などとほめていませんでしたか？　「ほら、もう1mがんばって！」なんて言わなかったですよね？

でも子どもが成長するにつれて、どうしてもほめることより注意したり、叱ったりすることが増えてきます。これはなぜかというと、親には、わが子が「将来、自立できるように育てなければ」という想（おも）いや責任感があるからなのです。

さらに子育ての日常は、ほめる以外にも、促す、励ます、叱る、注意するなど、さまざまな場面が目白押しです。そのつど、子どものやる気を引き出して、自ら動くように伝えるのは並大抵のことではありません。

そんなふうにわが子とのコミュニケーションに悩んでいる親御さんに、私が考案・開発した「性格統計学」にもとづいて、具体的な場面に応じた「あなたのお子さんに合った伝え方・受けとめ方」をご紹介するのがこの本です。

「性格統計学」ってなに？　と思われた方がいらっしゃると思うので、簡単にご説明しますね。話は、私の前職にまでさかのぼります。私は、もともと女性向け下着の営業代理店のマネジメントをしていました。しかし、スタッフとの人間関係がうまくいかず、業績も悪化。原因は、私の伝え方にあったようなのです。

その反省から、お客さまや友人・家族など、延べ12万人の方とのやりとりの結果を検証し、体系化したコミュニケーションメソッドが「性格統計学」です。詳しい説明は54ページ以降に記しますが、**人間は性格の違いでいくつかのタイプに分けられること、そして、タイプによって「心に響く言葉」が違うことがわかりました。**

検証結果による性格のタイプ分けは分類がとても細かいのですが、この本では、初めての方でもわかりやすいように、3つのタイプに分けてご紹介します。**お子さまのタイプだけではなく、親御さんのタイプにも合わせて、具体的な事例をふまえながら解説します**ので、ぜひ参考になさってくださいね。

「今まで育児書をたくさん読んできたけど、うちの子には効果がなくて」という方がいらっしゃいました。「子ども」とひとくくりにいっても、その子によって性格が違うので当然です。タイプを知れば、「わが子」に合った声がけができます。

ただし、「タイプを知る＝固定観念でみる」ことが目的ではありませんのでご安心くださいね。タイプ分けは、お子さんや親御さん自身の特徴や傾向と、違いを知るための手段と思ってください。

タイプの違いを知れば、しんどい子育てがラクになること間違いなしです。この本が、日々の子育てに少しでもお役に立てましたら幸いです。

稲場真由美

第1章 「伝え方」を変えれば、子どもはやる気になる

第2章　性格は3つのタイプに分けられる

第3章 ロジカルタイプのトリセツ

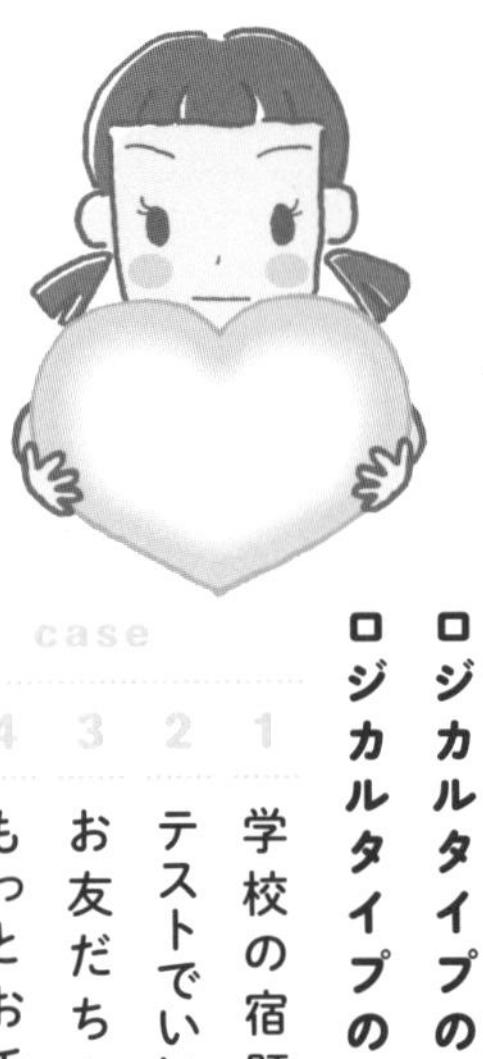

第4章 ピースタイプのトリセツ

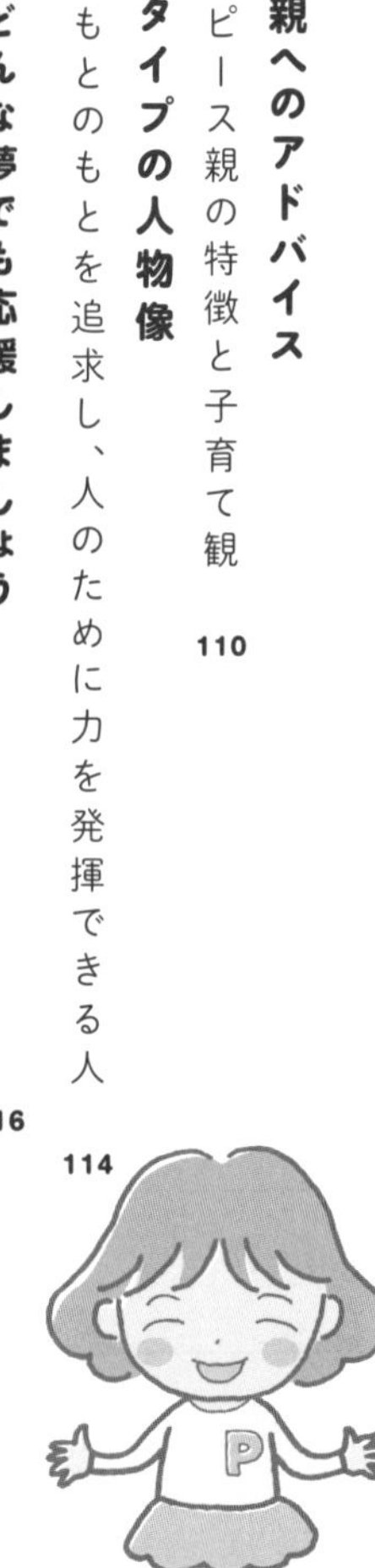

第5章 ビジョンタイプのトリセツ

第6章

「伝え方」を実践してみましょう

まずはタイプを調べましょう

2つの質問で診断

この本では、人間をロジカル、ピース、ビジョンの3つのタイプに分けて紹介します。まずはお子さんがどのタイプかを知りましょう。

診断の仕方はとっても簡単。お子さんに、次のページの2つの質問に答えてもらうだけです。答えは、**できるだけすばやく直感で選んでもらってくださいね。**

お子さんに答えていただくのが難しい場合は、おうちの方がお子さんをイメージして答えてみてください。

次の質問を読んで、すばやく直感で○か●を選んでね。

1

お友だちとレストランに来ました。同じ席の人は、同じメニューを頼まなければならないという、ちょっと変わったレストランです。あなたはどうしますか？

あなた

○ 相手が食べたいものを聞いて合わせる

● 自分が食べたいものを伝えて相談する

○を選んだ人 ○へ

●を選んだ人

2

朝、「晩ごはんはカレーだよ」と聞いていましたが、晩ごはんのときに、ハンバーグに変更になっていました。あなたはどう感じますか？

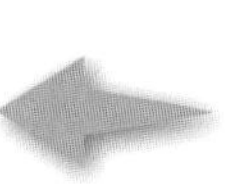

あなた

○ 「あれ？ カレーじゃなかったの？」とちょっとがっかり

● 「ハンバーグになったんだ。ふ〜ん」と気にしない

○を選んだ人 Aへ

●を選んだ人 Cへ

Aロジカルタイプ
※解説は第３章へ

ピースタイプ
※解説は第４章へ

Cビジョンタイプ
※解説は第５章へ

お子さんのタイプはわかりましたか？　次は、お母さん、お父さんも診断してみましょう。ここで大事なコツがひとつ。それは、**自分自身が子どもに戻った気持ちで答えること**です。大人の忖度（そんたく）はせずに、素直に答えてくださいね。

それぞれのタイプには次のような特徴があります。

- **ロジカル：**自分のペースが大事。具体的にほめられるとうれしい
- **ピース：**自分より相手が優先。「ありがとう」がほめ言葉
- **ビジョン：**やりたいかやりたくないかで行動。「すごい」と言われるとがんばれる

タイプごとの詳しい解説は第3章からです。気になる方は、解説から読んでいただいても構いません。

人によっては、「ややロジカル寄りのピース」「ややピース寄りのビジョン」という方もいるでしょう。「このタイプなら絶対こうするべき」としばられすぎず、コミュニケーションのヒントとして役立ててみてくださいね。

学校でタイプ別の指導を実践

性格統計学を使ったコミュニケーションは、教育の現場でも実績があります。

文部科学省の調査研究委託事業として、平成28年度に富山県黒部市教育委員会と連携し、市内の3つの小中学校で働く教員向けに研修を行いました。教員間の人間関係の向上や、子どもとのかかわり方をよりよくしようというのが目的です。

研修後のアンケートでは、77%の先生が「性格統計学が役立った」「ときどき役立っている」と回答。91%が「子どもとのかかわり方を振り返るきっかけになった」と答えています。研修後の感想では、「同じ言葉でも自分とまったく違う受けとり方をする人がいると知り、受け入れやすくなった」、「自分の伝え方のくせに気づかされた」という声がありました。

「今後どのような人にこの研修を受けてもらうとよいと思いますか?」というアンケートでは、「保護者」と答えた先生が71%。教育は、学校と家庭との連携が重要であるとあらためて感じた結果でした。これまで、PTA向けの学校講演を数多く行ってきましたが、この本を通じてより多くのご家庭にこのコミュニケーションメソッドを伝えることができてうれしく思います。

第1章

「伝え方」を変えれば、子どもはやる気になる

なぜ子どもは言うことを聞いてくれないのか

その言葉、きちんと伝わっていますか？

「子どもが言うことを聞いてくれない……」

そんなふうに感じたことありませんか？　子どものためを思って言っているのに、思うように動いてくれなくていつもイライラ……。「宿題しなさい」「ゲームをやめなさい」「お風呂に入りなさい」と日々繰り返すやりとりに、ストレスを感じている方が多いようです。

これはそもそも、お母さんの**言いたいことがお子さんに「伝わっていない」の**

かもしれません。「聞いてくれない」のではなく、原因は「伝え方」。「自分の伝え方を変えてみるといいのかも」と、一度立ち止まってみませんか？

この本では、人を性格別にロジカル、ピース、ビジョンの3つのタイプに分けて、その子に合った具体的な伝え方を紹介します。それぞれのタイプによって好んで使う言葉や、言葉の受けとめ方が違うので、たとえ**親子であっても、タイプが違えば伝わる言葉が違う**ということがわかります。

多くの親は、自分が正しいと思うことを、子どもに何度も言い聞かせますよね？　それは、子どもが後から困らないようにという親の愛情からなのですが、親子でタイプが違う場合、子どもに伝わらないだけでなく、逆にストレスをかけていることもあるのです。

このくい違いを「コミュニケーションギャップ」といいます。これによって、何度言っても聞いてくれない、動いてくれないということが起こってきます。なぜなら、言いたいことがちゃんと伝わっていないからなのです。

では、コミュニケーションギャップはどうやって解消すればよいのでしょう？

解決策はとても簡単です。**わが子の性格タイプに合った「伝え方」に変える、ただそれだけです。**きちんと伝われば、子どもはやる気になります。やる気になれば、その日から行動が変わります。

コミュニケーションは、量より「質」

よい人間関係は、コミュニケーションがうまくとれていることが多いです。自分の言ったことが相手に伝わる、自分の言ったことを相手がわかってくれる、相手が言っていることがわかる。そんな感覚だと思います。

それに対して、人間関係がうまくいかないときはどうでしょうか？　自分の言ったことが相手に伝わらない、相手がわかってくれない、または相手の言っていることが理解できない。こういうときはコミュニケーションがうまくとれず、なんとなく関係がぎくしゃくしてしまいがちです。

コミュニケーションギャップ

コミュニケーションギャップとは、お互いに理解し合うべきコミュニケーションで、言葉の理解の仕方や価値観のズレ、情報の不足などによってくい違いをみせることをいいます。人間関係で悩んでいる場合、原因はこのコミュニケーションギャップによることが多いです。

子どもとの関係も、それとよく似ています。
「うちの子、なんだか育てにくい……」と悩んでいる親御さんのお話を聞くと、「子どもの考えていることが理解できなくて……。コミュニケーション不足かしら？」と、親子で一緒に過ごしたり、話をしたりする時間が少ないことに原因があると思っている方が意外と多いのです。とくに、仕事をしている親御さんからこのようなお話をよく聞きます。しかし、ほんとうの原因は**コミュニケーションの「量（＝時間）」ではありません。重要なのは「質」なのです。**

では、質の高いコミュニケーションとはどういうものでしょうか？　高尚な会話をしているということではありません。お互いの言っていることが理解できて、共感したり、分かち合ったりできる状態をいいます。

逆に質の低いコミュニケーションは、意思疎通がうまくできていない状態です。話がかみ合わない時間が増えれば増えるほど、お互いにイライラしてしまうという悪循環に。**話がきちんとかみ合っていれば、コミュニケーションの時間は少なくても、人間関係はうまくいく**のです。

3つの性格タイプ

それぞれのタイプの子どものキャラクターです。タイプ別の具体的な解説は、第３章以降をご覧ください。

では、質の高いコミュニケーションをとるにはどうしたらよいのでしょうか？　ポイントは、**子どもの性格タイプに合った「伝え方」を知って実践すること、「言われたくない言葉や、されたくないこと」を知って、それを言ったりやったりしないこと**です。

タイプによって、響くほめ方や叱り方、促し方などが違います。言われたら嫌な言葉やされたくないことももちろん違います。この本では、ロジカル、ピース、ビジョンそれぞれのタイプの特徴を具体的に紹介しますので、まずは親御さんとお子さん、それぞれのタイプを知って役立ててくださいね。

性格は遺伝しない？

人には「生まれもった性格」がある

顔や体型が遺伝するように、性格も親から子に遺伝すると思っていませんか？しかし、じつはそうではありません。人間には生まれもった性格のタイプがあり、たとえ親子でも、同じタイプとは限らないのです。

性格統計学（↓P54）**では、「性格は遺伝しない」と定義しています。**「社交的な性格がお母さんに似ているね」「頑固な性格はお父さんにそっくり」と、なにげない家族の会話で話題になることがありますよね。確かに親子で同じ性格タイプというケースもありますが、それはあくまで偶然だと考えています。

計画的で慎重なロジカル、人のためにがんばれるピース、柔軟な発想をするビジョンというように、人にはいずれかの「生まれもった性格」があります。「生まれもった性格のタイプは、環境や人間関係などの影響で、変わることはありますか？」という質問を受けることがありますが、答えは「NO」です。性格統計学では**「生まれもった性格」は、大人になっても変わらない**と結論づけています。

大人になると、本来の自分の性格タイプに加えて、ほかの性格タイプを演じることがあります。たとえば、ほんとうは臨機応変に動きたいビジョンの人でも、職場では計画的に動くロジカルの人のようにふるまうことがあります。職種や役職、立場によって、経験やトレーニングを積むことで「後天的な性格」が形成されるからです。けれども、**家にいるときは、ほとんどの人が「生まれもった性格」が強く出る**ことがわかっています。

一方で、本来リラックスできるはずの家にいながら、生まれもった性格が表に出ていない人もいます。これは本人が意図的に演じているというよりも、育った家庭環境に原因があることが多いです。親に「生まれもった性格」を否定された子や、「きちんとしなさい」と言われて矯正された子に多くみられます。

親に「生まれもった性格」を受け入れてもらえないと、子どもは自信がなくなり、自己肯定感が育ちにくくなります。親に**「生まれもった性格」をそのまま受け入れてもらえた子は、自己肯定感が高く育ちやすい**のです。

親の価値観と、子どもの価値観は違う

多くの親御さんは、「わが子の才能や個性を伸ばす子育てをしたい」という想いや理想をおもちだと思います。

そうは言っても、親にも自分の仕事や家事などがあり、一日のなかでやらなければいけないことがたくさんあります。そのなかで「こういう人になってほしい」という理想をもって子育てをするわけですから、**知らず知らずのうちにわが子を**

先天的な性格と後天的な性格

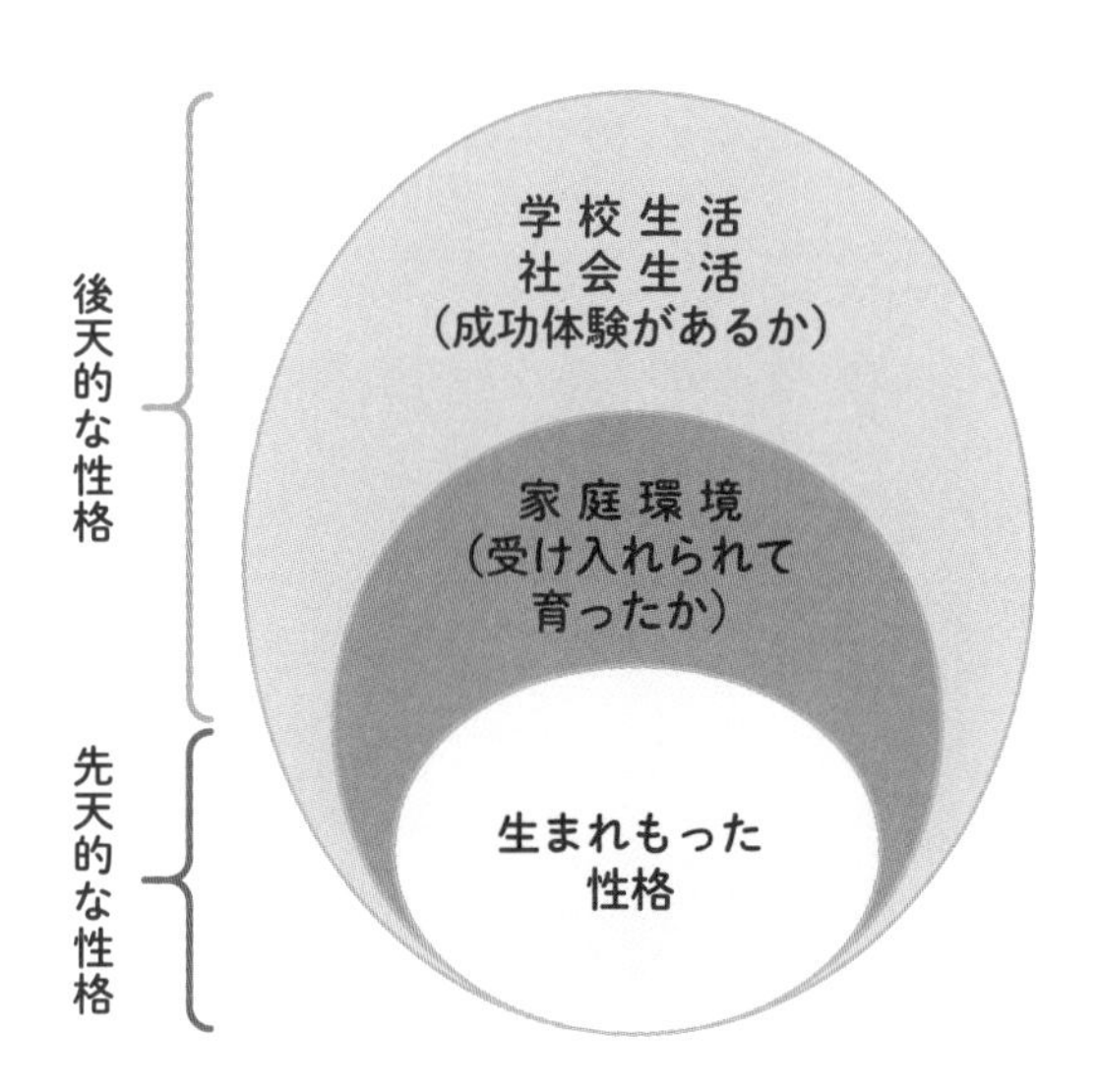

「生まれもった性格」を受け入れられて育ったかどうかが、その後の後天的な性格や自己肯定感に大きく影響します。

自分の望む型にはめてしまうことがよくあります。

もちろん親自身は、「型にはめよう」とは少しも思っていません。けれども、親が求めている「こうあるべき」と、子どもが求めている「こうしたい」がずれているときにそうなりやすいのです。たとえば、親は「元気にあいさつしてほしい」と思っていても、子どもは「となりのおじさんの大きな声が苦手……。早く離れたい」と思ってうつむいているのかもしれません。「あいさつをするべき」と思っている親は、子どもの思いよりも、あいさつをさせることを優先して叱ってしまいがちです。

親と子どもは別の人格であり、立場が違います。お互いの価値観が違うことも認めましょう。価値観が違うと、話し方や受けとめ方がまったく異なります。自分のなかで大切にしていることが違うわけですから、**その子の得意なことや、物事の優先順位も、親とは違ってくる**のです。

性格によって「うれしい」と受けとめる言葉が違う

「自分が言われてうれしい言葉は、子どももうれしいはず」と、思っていませんか？　じつは、言われてうれしい言葉は人それぞれ。**ほめたつもりの言葉が、相手に響いていないということがあります。**例をあげてみましょう。

あなたは部屋の掃除を頼まれました。すみずみまできれいに掃除をした後、あなたにとっていちばんうれしいほめ言葉はどれでしょうか？

①「短時間で、床だけでなく窓まできれい。さすがだね」と、細かいところまで見て評価してくれる。
②「ありがとう♪　うれしい。助かったわ」と、感謝を伝えてくれる。
③「すごい！　びっくり！　ピカピカ！」と、大きめのリアクションでほめてくれる。

うれしい言葉は人それぞれ

頼まれて部屋の掃除をしました。すみずみまできれいに掃除をした後、言われていちばんうれしいほめ言葉はどれですか？

1

短時間で、
床だけでなく
窓まできれい。
さすがだね。

2

ありがとう♪
うれしい。
助かったわ。

3

すごい！
びっくり！
ピカピカ！

どれもほめ言葉ですが、性格統計学では①はロジカル、②はピース、③はビジョンに響く伝え方です。あなたにとって、いちばんうれしい言葉はどれでしたか？　**性格タイプに合わせた声がけは、相手のモチベーションを高める効果があります。**

一方で、それぞれのほめ言葉をこんなふうに受けとめる方もいます。①は「細かすぎてなんか嫌。淡々としていて冷たい」、②は「お礼や感想を言っているだけで、ほめ言葉ではない」、③は「大げさで適当。ちょっとばかにされているようにも感じる」。これも性格タイプの違いによるものです。

子どもへの伝え方も同じことが言えます。

「すごい！」と言われて、よろこんでやる気になる子どももいれば、「すごい！」が、なんだかばかにされたようないい加減な言葉に感じる子もいます。「すごい！」という言葉より、「ありがとう」のほうが何倍も心に響く子もいるのです。

子どもが自ら動くカギは「自己肯定感」にある

子どもの自己肯定感を育むために

「自己肯定感」という言葉を、最近よく耳にするようになったと思いませんか？
なぜ今、自己肯定感が必要とされるのでしょうか。

それは、人間関係を築くときや、なにかにチャレンジしてやり遂げようというとき、困難に出会ったときに、**自己肯定感が高い子と低い子では、それらへの向き合い方がまったく違う**からです。

自己肯定感が高い子は、「私にもできるかも」「やってみよう！」という意欲的な気持ちが芽生えます。一方で、自己肯定感が低い子は、「私にはむりだ」「どうせできない」と自信がなく、消極的になりがちです。

そもそも、自己肯定感とは、自分を肯定的に受けとめ、「自分は大切な存在だ」と思える心の状態のことをいいます。家庭環境や、幼少期の体験が大きく影響するといわれています。そのため親は、**子どもの幼少期から、その子本来の性格を尊重し、育てることが重要だと考えます**。

では、子どもの自己肯定感を育むために、親はどうしたらいいでしょうか？3つのポイントを紹介します。

1つ目は、**親が自分自身を知り、まずは自分を肯定すること**。

幼少期に親からほめられることが少なかった人や、「○○さんの奥さん」「○○ちゃんのママ」とよばれ続けることで、「自分は何者なんだろう？」と自己肯定感が低くなってしまうお母さんがいます。また、子どもが言うことを聞いてくれないことで、「子育てがうまくできない……」と自信がなくなり、自己肯定感が低くなってしまうケースも。人と比べずに「自分は自分」と認め、まずは自分自身を肯定してあげることが大事です。

2つ目は、**子どもをひとりの人格として認めること**。その子がもって生まれた「本来の性格」をそのまま受け入れてあげてください。自分の庇護（ひご）のもとにある子どもとしてではなく、独立したひとりの人間としてわが子をみてあげましょう。

3つ目は、**「ほめる、励ます、待つ」で、よいコミュニケーションをとること**。幼い時期にほめてあげることはもちろん、励ますことも大事です。何事も、最初はできなくて当然です。そんなときは、その子に響く言葉で励ましてあげましょう。乗り越えたときにしっかりほめることで、自己肯定感が育ちます。そして子どもを焦らせず、親は「待つ」という気持ちや行動も意識してみてください。

言っていませんか？　自己肯定感を下げる言葉

「また忘れたの!?」「ちょっと考えればわかるでしょ」「〇〇ちゃんはできるのに、あなたはなんでできないの？」「ほら、言ったでしょう？」「心配だから言っているのよ」「お母さん、もう知らないからね！」……。

こんな言葉を言ってしまっていませんか？　じつはこれらは、子どもの自己肯定感を下げる言葉です。ドキッとした人もいるのではないでしょうか。「子どもをしっかり育てないといけない」という**責任感から口うるさく言ってしまいがちですが、子どもはこれらの言葉を毎日のように言われ続けると「信頼されていない」と感じ、自信を失っていきます。**

次に、「あなたはできるもんね」という言葉。できて当然、できないと叱られる、という環境で育つと、**どれだけがんばっても期待に応えられないと感じ、自己肯定感を下げることにつながります。**

また、「うちの子、ロジカルに矯正できますか？」と相談される方がいます。じつはこれが、親の希望に添った性格に変えたいといういちばん危険なケース。実際そういう親御さんに育てられると、ほんとうに自信のない子に育ちます。自分をいちばん認めてほしい親から認められず、自分ではない姿を求められます。ずっと仮の姿を演じていかなければならないので、自己肯定感は確実に低くなっていくでしょう。

子どもが本来もっている性格をまるごと受けとめて、ほめて伸ばしてあげる。そうやって**すくすくと伸びる子は、自己肯定感が高く育ちます。**チャレンジする心も育ちますし、失敗してもめげません。心の安定した子になりやすいというのも、長年、子育てをするお母さんとかかわりながら性格統計学を研究していて気づいたことです。

自己肯定感を下げる言葉

早くしなさい！

そのくらいわかるでしょ！

なにグズグズしてるの？

あなたはできるもんね

そういうところ、○○にそっくりね

また忘れたの!?

そんなことぐらいわからないの？

○○ちゃんはできるのに、あなたはなんでできないの？

何回言ったらわかるの？

口ばっかり！

ほら、言ったでしょう？

お母さん、もう知らないからね！

心配だから言ってるのよ

ちょっと考えればわかるでしょ

このような言葉をつい口にしていませんか？　毎日のようにこれらの言葉をかけられている子どもは、自己肯定感が低くなってしまいます。

子どもは待っている、自己肯定感を育む言葉

「今までお母さんにほめられたことがない」と話す、高校1年生の女の子がいました。**お母さんは「すごい！」と声をかけてほめていたつもりでしたが、その女の子は「私には、ほめ言葉に聞こえなかった」と言うのです。**

これはいったい、どういうことでしょうか？

この女の子は典型的なロジカルタイプ。「すごい！」という言葉は大げさでうそっぽく聞こえてしまい、ばかにされているような気がしていたそうです。それよりも「○○と△△ができたんだね」「前回よりも○○が上達したね」などと、もっと具体的にほめてほしかった……と言います。まさにこれが、ロジカルタイプの特徴です。

ほめられたことがない？

お母さんは、自分が言われてうれしい「すごい！」という言葉をかけて、
女の子をほめていました。でも女の子には伝わっていなかったのです。

一方、お母さんはビジョンタイプ。自分自身が「すごい！」と大きなリアクションでほめられるとモチベーションが上がるので、娘にも同じように伝えていました。つまり、**お母さんとしては娘に対して「精一杯ほめていた」はずなのに、娘からすると「ほめられていない」と感じ、がっかりしていた**というわけです。

これこそが、よくある「親子のコミュニケーションギャップ」です。このギャップを解消するためには、**親が子どもの性格タイプを見極めて、きちんと伝わる言葉でほめてあげることが重要**。子どもの心に響くほめ方をしなければ、残念ながら子どもの記憶は「私は親にほめられたことがない」となるのですから。

ほめることは、タイミングも大事です。本人が「できた！」「がんばった！」と思ったときにほめたことがストレートに伝わると、子どもは「自分が認められた」という気持ちになります。この「認められた」という気持ちが「承認欲求が満たされた」ことにつながり、その子の成功体験となります。それが自信となり、子どもの自己肯定感が育ちます。モチベーションが上がり、行動も変わっていくのです。

つまり、子どもに対して**ただほめるのではなく、タイミングを逃さず、その子に響く言葉でほめることがポイント**なのです。わが子はどんなほめ方をすればやる気が出るのか。この本で性格タイプを診断して、役立ててみてください。

子どもへの「伝え方」、3つの秘けつ

ここで、「伝え方」のポイントをまとめてみましょう。

秘けつ❶ 自分を知って、子どもを知る

子どもとやりとりをしているなかで、「なんかかみ合ってないなぁ」と感じるときってありませんか？　それは、コミュニケーションギャップが生じているときです。その解決の近道は、**相手（子ども）を知ることではなく、まずは自分を知ることです。**

とはいえ自分を知るといっても、なかなか難しいもの。自分で自分のことを知っているつもりでも、案外わかっていないことが多いのです。

そこで性格統計学を使って、**自分の性格タイプを知りましょう。**自分はどんな価値観で、どんな行動パターンを好み、どんなことをされたり言われたりすると嫌だろう……？　そんなことを客観的に知り、振り返ってみましょう。

次に、**お子さんの性格タイプを知りましょう。するとわが子との違いに気づくはずです。**お互いどんなことがストレスになるのか、どんな言葉だとうれしいのか。比べてみるとけっこう違うことがわかります。

性格統計学はその違いに着目し、円滑な人間関係を築くための解決策を体系化しています。親子で生まれもった性格が違う場合、親がわが子の性格タイプに合わせて、上手な伝え方と受けとめ方を実践すればいいのです。

秘けつ❷ 上手な受けとめ方を知る

じつはこの本を出版するとき、受けとめ方に特化した本にしようと思ったほど、対人コミュニケーションにおいては「受けとめ方」が重要と考えています。

とくに親子の場合、会話のキャッチボールをしていなくても、子どもの行動や態度（たとえば「また宿題していない」「あぁ、遅刻しそう」というようなこと）がすべて目に入ってきますよね。それを**親がどう受けとめるかが、コミュニケーションのカギになります**。

子どものマイペースな言動にイラッとして、ついキツい言葉をかけてしまうことがありますよね。その繰り返しでは、子どもの自己肯定感は育たず、やる気が下がってしまいます。一方、親は怒ったり叱ったりするばかりで自己嫌悪になってしまうことも。どちらが悪いわけでもなく、伝え方や受けとめ方がうまくできていないことで、そのような悪循環になるのです。

そこで、まずは親が「受けとめ上手」になりましょう。**「子どもは私とは違う人間だ」と認め、それを受け入れるのです。**「この子は反抗しているわけではなく、こういう性格なんだ」と頭を切り替えてみてください。たったこれだけのことですが、「受けとめ方を変えただけで、自分自身の心が軽くなりました」とうれしそうに報告してくださる親御さんがたくさんいます。

「なんでやってくれないの？」「どうしてできないの？」

そんなふうにイライラしてしまうのは、「今やるのが当たり前」「私が子どものころはできたのに」と、自分の基準で受けとめているから。**「わが子は、考え方も、行動パターンも、物事の優先順位も、自分とは違う」と受けとめることでイライラが減って、子育てがラクになりますよ。**

秘けつ❸ 子どもに伝わる伝え方を知る

性格タイプによって、心に響く言葉、響かない言葉というものがあります。

ほめる言葉も叱る言葉も、子どもにきちんと伝わらなければ意味がありません。**親が愛情をもって一生懸命伝えているつもりでも、子どもには響いていない、つまりまったく伝わっていないということがあります。**

「何回言えばわかるの!?」と、繰り返し言うことに疲れたという親御さんもいますよね？　でもそれは、「相手にわかるように伝えていなかった」からなのです。

ここで、性格統計学の目指すところをご理解いただくために、わかりやすいストーリーでお伝えします。コミュニケーションをキャッチボールに例えたストーリーです。人間を3タイプに分け、ロジカルタイプを青い子、ピースタイプを黄色い子、ビジョンタイプを赤い子のように、色分けしてお伝えします。

赤い子は、赤いボールでコミュニケーションをとります。赤い親から赤い子にはボールが1回で届きますが、青い親から赤い子にはボールがなかなか届きません。ボールの色が違うと、１００個投げても、2個くらいしか受けとめてもらえないのです。では、青い親が赤い子にボールを受けとめてもらうには、どうすればいいでしょうか？

答えは、「赤い子には赤いボールを投げる」です。この場合、ボールとは「言葉」のこと。わが子のタイプに合った「ほめ方、励まし方、叱り方」を知って、その子の色のボール（言葉）を投げてあげればいいのです。

性格統計学で子どものボールの色（性格タイプ）を知ると、**その子が受けとめやすいように、ボールの色を変えて投げることができるようになります。**そして、親の引き出しの中にも、わが子と同じ色のボールをストックしておくことが大事です。青い子には青いボール、黄色い子には黄色のボール、赤い子には赤いボールをストックしておくことで、タイミングを逃さずに投げることができますよ。

その子が受けとめやすい色のボールを持っておいて、それを投げる。つまり、**その子に合わせた伝え方をすれば、子どもは親の言葉を素直に受けとめやすくなるのです。**

この本では、ふだんあなたが持っているボールが何色なのかがわかります。そして、あなたの子が何色のボールでコミュニケーションしているのかも。第3章から紹介するタイプ別トリセツを参考に、その子に合った色のボール、つまり「子どもの心に響く言葉」を、意識して届けてみてください。

※コミュニケーションをキャッチボールに例えたストーリー「あなたは何色？」「苦手な人は何色？」を、動画でご覧いただけます。

コミュニケーションはキャッチボール

赤いタイプの子に青いボールを投げても、なかなか受けとめてもらえません。

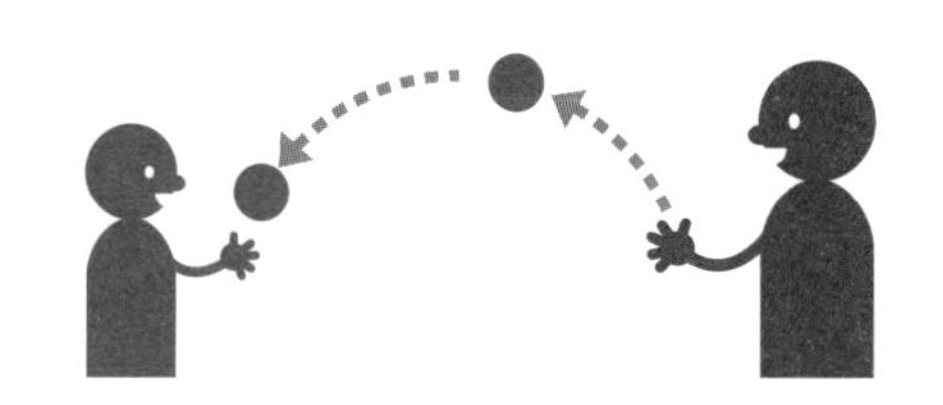

赤いボールを投げたら、受けとめてもらえました。

ボールは「言葉」のこと。タイプに合った言葉で伝えれば、しっかり届きます。引き出しの中に、お子さんに合った色のボールを持っておきたいですね。

子どもの「逃げ場」を残して叱る

「いつも子どもを叱った後に落ちこんでいる」という親御さんがいました。どのように叱っているのかを聞くと、「なにが悪かったか言ってごらんなさい」と言って、間違いを認めさせようとしているとのこと。言い訳に矛盾があると、「ごまかしたってわかるんだからね」と、うそを見逃さないそうです。ただ、子どもの態度が改善されないので、よい叱り方を知りたいというのです。

ルールや約束を守らなかったら叱る。それは親として当然のことだと思います。ただ、叱られているときでも、子どもは親に認められたいと思って、ついごまかしてしまうこともあります。それをうそつきのように言われて追及されると、親から軽蔑されていると感じてしまい、自己肯定感は下がる一方です。

叱ることの目的はなんでしょう？　私は、子どもが自ら反省し、同じ間違いをしないように考え、改善しようと思えるように促すことだと思います。ささいなごまかしなら、ときと場合によっては許してあげてはいかがでしょうか？　「そうだったのね」と聞いてあげて、「でもお母さんはこうしたほうがよかったと思うよ」と、そのときどうすべきだったかを伝えましょう。追及はほどほどに。子どもの「逃げ場」を残してあげることが、今回の反省と今後のチャレンジにつながりますよ。

第2章

性格は3つのタイプに分けられる

性格統計学で、伝わる「伝え方」を知る

性格統計学とはどんなもの？

性格統計学とは、人の価値観や立場の違いから起こる「**コミュニケーションギャップ**」**に注目して考案した、よりよい人間関係を築くコミュニケーションメソッド**です。16年間、延べ12万人のデータを解析して、体系化しました。

人間の性格タイプをロジカル、ピース、ビジョンの大きく3つに分けて（※）、それぞれのタイプに合う「伝え方」「受けとめ方」を提唱しています。

第1章で述べたように、人には「生まれもった性格」があります。人間は生まれもった性格に、後天的な性格が備わっていくのですが、基本的に「生まれもった性格」は、性格を構成する「核」であり大人になっても変わりません。

また、性格統計学では、「性格は遺伝しない」と定義しています。ですから**子どもが3人いて、それぞれの性格がまったく違うということも不思議ではない**のです。

大事なのは、子ども一人ひとりに個性があることを理解して、親がその子のいいところを伸ばしてあげられるようなかかわり方をすること。「相手のモチベーションが上がる声がけ」や「やる気を下げてしまう言葉」、タブーを知ることで、コミュニケーションをもっとスムーズにしていきましょうというのが性格統計学の考え方です。

※本来、性格統計学はビジネスシーンなどで使う場合、ロジカル、ピースプランニング、ピースフレキシブル、ビジョンの4つに分けて提唱しています。この本では、初めての方にもわかりやすいように、ピースをひとつにまとめて3タイプで紹介しています。

ビジネスのメソッドを子育てにも

私が性格統計学を考案したきっかけは、自分自身の仕事の失敗にあります。約20年前、女性向け下着の営業代理店のマネジメントをしていた私は、仕事上での人間関係やコミュニケーションのすれ違いに悩んでいました。

相手のことを考えて伝えているつもりなのに、なぜかうまく伝わらない……。いくら解決策を探しても答えが出ません。スタッフとの小さな摩擦の積み重ねはしだいに大きくなり、人は離れ、会社の業績までも悪化していきました。

そこで私は「このままではいけない」と思い、スタッフ、お客さま、取引先のほか、友人・家族などあらゆる人とのコミュニケーションの結果（個人情報を除く）をデータとしてまとめ、検証することにしたのです。そうして**わかったのは、人によって言われてうれしい言葉がまったく違うということ**でした。

人は、自分が言われてうれしい言葉を、相手にも言う傾向があります。たとえば私は「すごい！」と言われるとうれしく思うので、相手をほめるときも「すごいね！」と言っていました。でもこれを「薄っぺらい」「ほめてない」と感じる人もいるのです。また、「ありがとう」と言われないと、ほめられた気がしないという人もいます。

このことに気づき、**それぞれのタイプに合った気持ちの伝え方と言葉の受けとめ方を社内のスタッフ全員で共有したところ、業績は一気に上向きに。**その後16年間、延べ12万人のデータを解析して、体系化したのが「性格統計学」なのです。

ビジネスがきっかけでつくったメソッドではありますが、私の個人のお客さまは女性が多く、その約8割が子育て中のお母さんです。悩みの多くが「子どもが言うことを聞いてくれない」という内容です。

企業の人材育成も子育ても、「コミュニケーションの問題を解決する」「やる気を引き出す」という点においては共通しています。タイプに合った伝え方と受けとめ方を実践すれば、どちらも劇的に改善できるのです。

人間の性格は3タイプ

性格はロジカル、ピース、ビジョンの3つに分けられる

この本では、人間のタイプをロジカル、ピース、ビジョンの3つに分けて考えます。これらは〈自分を優先する自分軸か・相手を優先する相手軸か〉、物事を〈計画的に進めたいか・臨機応変に進めたいか〉という大きな2つの軸に沿って分類しています。

どのタイプが優れているわけでも劣っているわけでもなく、それぞれのタイプ

性格タイプは2軸で3つに分けられる

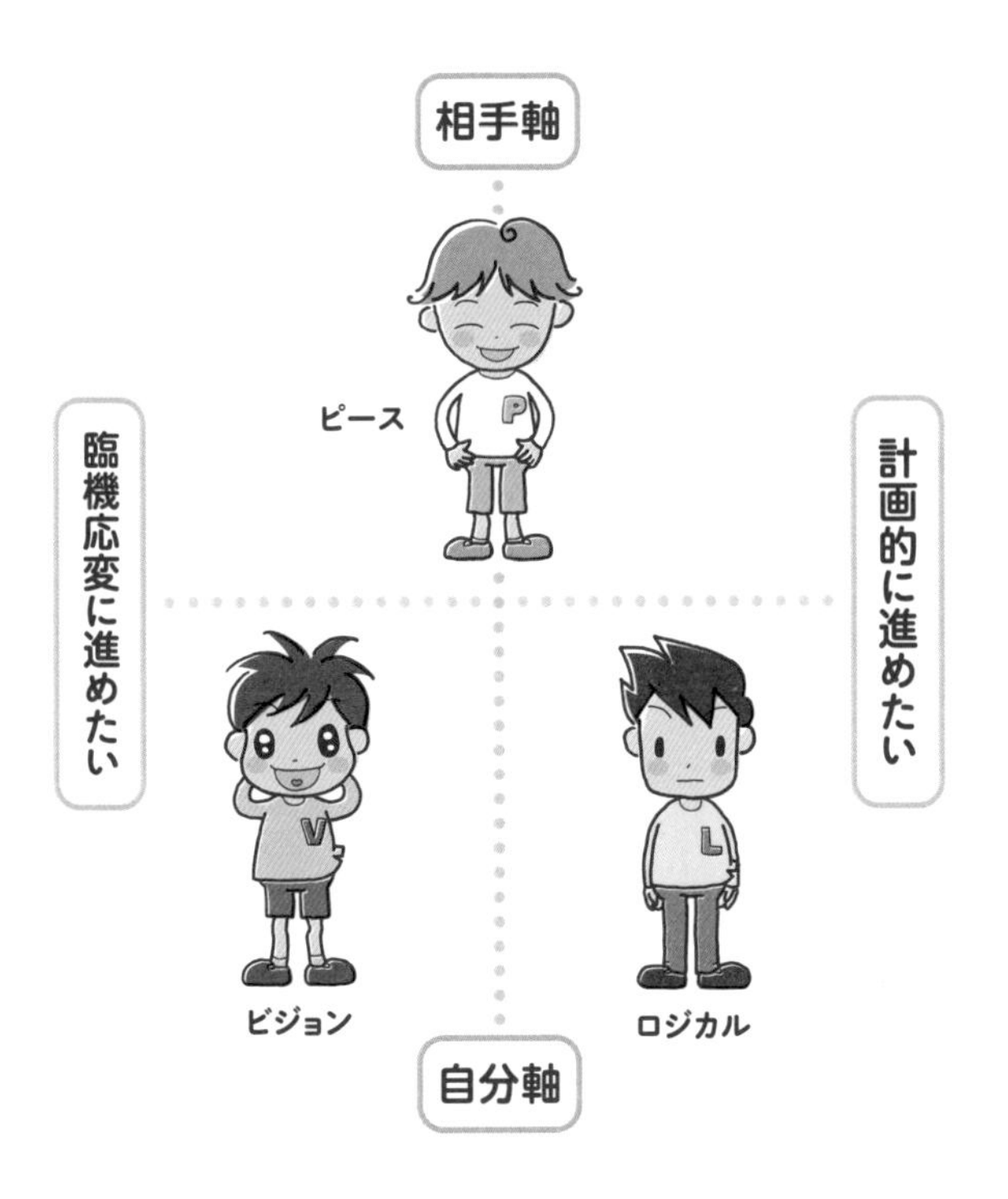

縦軸は〈自分軸か相手軸か〉、横軸は〈計画的か臨機応変か〉を分けています。ピースタイプは、さらに計画的に進めたい人と臨機応変に進めたい人にタイプが分かれますが、この本ではひとつにまとめて紹介しています。

がもつ個性と考えてください。親と子でタイプが異なる場合、ストレスを感じるシーンが多くなります。これは夫と妻のタイプが違っても、同じことが言えます。

逆に、同じタイプの親子だと、比較的ストレスが少なくなります。ただ、立場は親のほうが上なので無意識に自分のペースを優先し、子どもが言われたら嫌な言葉やされたくないことを、言ったりやったりしていることがよくあります。

それぞれのタイプの特徴は、第3章から詳しく解説していきますが、ここでも簡単に紹介します。

ロジカルは、納得してから自分のペース、自分のタイミングで進めたい「納得型」

自分の努力や成果に対して、具体的にほめられるとモチベーションが上がります。その反面、急な予定変更や、ペースを乱されることが嫌いです。効率よく物事を進めたいので、お金や時間、労力などのムダを好みません。

ピースは、人の役に立ちたい「平穏型」

人の役に立つことを好み、「ありがとう」の言葉が原動力になります。相手に合わせて柔軟に動くことができるタイプです。人と比べられるとやる気がなくなります。物事の経緯や背景を知りたい性格なので、「なぜ？」とたずねたのに、相手が答えてくれないことにストレスを感じます。

ビジョンは、自分がやりたいか・やりたくないかでモチベーションが大きく変わる「願望型」

「すごい！」「さすがだね！」とオーバーにほめられるとやる気が上がります。とりあえず動いてみてから考えたいタイプなので、細かく予定や計画を聞かれることが苦手。「なぜ？」と質問されると、否定されたと感じて嫌がります。

成長して大人になると、社会や職場に適応するために、「生まれもった性格」に「後天的な性格」が加わります。一方、子どもは「生まれもった性格」の傾向がストレートに出やすいのが特徴。そのため、**このメソッドを実践してみると、子どものほうが大人よりも即効性がある**ことがわかります。

また、子どもには「親に愛されたい」という大前提があり、「親からほめられたい」という感情があります。そのため、親子の場合、その子にあったほめ方に変えるだけで効果が明確に出やすいのです。子どものタイプをきちんと理解することで親も余計なイライラがなくなり、関係は改善するでしょう。

3人のうち2人は確率的に自分と違うタイプですから、それをわかっているだけでも、相手の言動を受けとめやすく、精神的にもラクになると思いませんか？

自分の感覚で伝えて理解してくれるのは3人に1人。残りの2人には伝わりにくくて当たり前なのです。そう考えたら、相手が思うように動いてくれないことにいちいち感情的になったり、ストレスを感じたりすることが、ムダなことに思えてきますよね？　これはわが子に限ったことではなく、夫婦や兄弟、仕事でかかわる人でも同じことが言えます。タイプの違いによって起こる「コミュニケーションギャップ」。その解決法がわかると、家庭や職場での人間関係がとてもラクになりますよ。

3つのタイプの比率は?

性格統計学は延べ12万人のデータを集計して体系化したメソッドです。12万人という数字は、私が実際に会って1時間以上かかわったお客さまや部下などの延べ人数です。「どういうことがうれしいか」「どういうことが嫌なのか」を具体的にリサーチし、どのようにしたらよいか仮説を立てて検証していきました。

3つのタイプには、統計学的な比率があります。

その割合は、全体を100としたときに、ロジカルが40%、ピースが33・3%、ビジョンが26・7%というもの。ロジカルがいちばん多く、ビジョンがやや少ないことがわかります。

「ゲームはダメ」では
やめられない

親御さんからの相談でとくに多いのが「子どもがゲームばかりやっていて……」という悩みです。ゲームは、「依存症になるのでは?」「目が悪くなるのでは?」と心配事が多いですよね。

ただ、頭ごなしに否定するのは逆効果です。好きになったものを、理性でやめるのは意外と難しいものです。たとえば、「ダイエット中だからスイーツは絶対ダメ」と言われると、隠れてでも食べたくなるようなことありませんか? それと同じなのです。

ポイントは、親もゲームに興味をもつこと。まずは、「どんなゲーム?」「おもしろそうだね」と声をかけ、話を聞いてあげてください。自分が好きなものに関心を示してもらえると、子どもは認めてもらえたと感じてうれしく思います。気持ちが前向きになったところで、「何時までやる予定?」「一緒に時間を決めようか?」「あと1時間でやめたらすごいんだけどな」のように、その子に合った言葉でやめる時間について声がけをしましょう。

そして、子どもが約束した時間を守ったら、かならずほめてあげてください。ほめられたことで、「次も守ろう」と思うので、ゲームで親子げんかになることは激減します。「約束を守ったら『ほめる』」が抜けてしまう方が多いので、気をつけましょう。

第3章

ロジカルタイプのトリセツ

ロジカルタイプの特徴

自分の目標があるとがんばれるタイプです。自分が納得して、「できる!」と思えたら行動します。

自分のペースが大事

自分が決めたペースで物事を進めたいと思っています。何事も「自分で決めたい」と思い、自分が決めたことは「やろう」とします。

計画的に行動する・等身大の目標を立てる

ゴールや目標を決めて、計画的に進めることが好きです。等身大の目標を好み、大きすぎる目標だとやる気になりません。

話は結論から聞きたい

結論から、要点を絞って言ってほしいと思っています。「〇〇をいつまでやってほしい」「これはいいけど、あれはダメだよ」のように、ストレートな言い方を好みます。

だからこうでね…
あなたのために…
そもそもね……
これはこうでね……
なにを言いたいの?
つまりダメってこと?
それにね…
でもね……

フッ
なわとび、昨日より5回多くとべたね

うれしいほめ言葉は“具体的な事実”

見たままの具体的な事実を言ってもらえると、うれしく思います。「ちゃんと見てくれている」と感じるからです。むやみにほめるのはタブーです。

「できるかな?」が口ぐせ

「できるか、できないか」が決断や行動の原動力です。新しいチャレンジのときは「できるかな?」と言って考え、シミュレーションして「できる」と思ったら行動します。

感情が顔に出にくい

表情はあまり変わりませんが、心のなかで喜怒哀楽を表現しています。うれしいときは、口角を上げて“フッ”と笑うイメージです。

ロジカルタイプのタブー

自分のペースを乱されることがいちばん嫌です。具体的ではない指示や納得できないことにも、ストレスを感じます。

ペースを乱されること

「自分のペースを守りたい」という気持ちが大前提としてあります。

急な計画変更

たとえば急に「今日は外食に行こう！」と言われても、テレビやゲームなど自分なりの計画があるときは「行きたくない！」ということもよくあります。

予定どおりやろうと思ってるのに！
早く！

せかされること

予定の時間より前に「もうすぐ○時だよ」と言われたり、「早く！」と追い立てられたりするとやる気がなくなります。

約束の変更

たとえばプレゼントなどで「赤色」を約束していたのに、「青色」が届いたときはとてもがっかりします。「これならいらない」ということもあります。

オーバーなほめ方

大げさな表現は、「うそっぽい」「なんだか適当……」と感じてしまい心が冷めます。

ムダなこと

効率を重視するため、ムダを嫌います。たとえば「暖房のスイッチを切って」と頼んですぐに動かない場合、「トイレに行くついでにスイッチを切ろう」と、効率よく動ける段取りを考えています。

感情的に叱られること

「なにやってるの！」や「何回言ったらわかるの！」などと、感情的に言われることを嫌います。「ルールを守らなかったよね」のように冷静に、納得できるように言ってほしいと思っています。

case 1 ロジカルタイプのケーススタディー

学校の宿題をなかなかやらない

×NGな伝え方

テレビばかりみてないで、早く宿題やりなさい

○OKな伝え方

6時過ぎたよ、宿題しよう

（決めた時間が過ぎてから声をかける）

ロジカルの子は、朝の時点で、**一日の流れをある程度決めています**。自分が決めたペースで物事が進むと、「決めたとおりに実行できた」とうれしく思います。計画にそって動きたいタイプなので、あらかじめ「夕方5時からテレビをみる、6時から宿題をする、7時から晩ごはんを食べる」などのように**スケジュールを親子で共有して、それに合わせた声がけをしましょう**。

なにかやってほしいことがある場合は、区切りのいいタイミングで切り替えを促すのが効果的です。テレビなら「その番組が終わったら」、ゲームなら「そのステージをクリアしたら」など、**流れを中断しない条件を提案しましょう**。

「ボーッとしているのだから暇なのだろう」と思っても、休憩時間を決めて行動していることがあります。そこへ「早く」と言われても動けません。**自分のペースを乱された気がしてストレスを感じます**。また、決めた時間が近づくと、つい「5分前だよ」と言いたくなりますが、「わかってる！」と返されるだけなのでそこは我慢。決めた時間から10分ほど過ぎてから指摘するのがおすすめです。

ロジカルタイプのケーススタディー

case 2

テストでいい点をとったので、やる気が上がるようにほめてあげたい

NG な伝え方

すごーい！

いい点数だね！

OK な伝え方

前回より12点アップしたね。

さすがだね

ロジカルの子には、**事実をきちんと見て、具体的によかったことを伝えることが重要**です。なにについてほめられたかがはっきりしていると、「ちゃんと見てくれている」と感じてうれしく思い、モチベーションが上がります。

テストでいい点がとれたら、「この科目、一生懸命勉強していたものね」と伝えるのもいいでしょう。ほかにも、たとえば絵を持って帰ってきたら、「ここに青色を塗ったのね、かっこいいね」。運動ができた子には、「練習していた○○ができるようになったね」というように**具体的にほめてあげてください**。

わが子をほめるときに、ついつい「すごい！」「さすが！」などとオーバーにほめることはありませんか？　でもこれらの**リアクション豊かなほめ言葉は、ロジカルの子の心にはまったく響いていません**。「ばかにしているのかな？」と思う子すらいるのです。具体的にほめるのは意外に難しいものです。「昨日より10分早くできたね」「計画どおりにできたね」など、**事実をそのまま伝えるだけでも十分響きます**。

case 3 ロジカルタイプのケーススタディー

お友だちとけんかして泣かせてしまった

✕ NG な伝え方

黙っていたらわからないでしょ！

○ OK な伝え方

どういう状況だったのかを教えてくれる？（と言って10～20秒待つ）

ロジカルの子は**「正しさ」を大切にしているため、納得できないまま「とりあえず謝る」ということが苦手**です。ただ、叱られている理由に納得すれば、素直に謝ることができます。

わが子がお友だちを泣かせてしまったとき、「謝りなさい」と言うのは親として当然だと思います。黙りこんで謝ることができないという場合もあると思いますが、後でフォローしてあげてください。そのときに、状況を聞いてあげてほしいのです。**状況を聞いて理解を示してから、「そういうときは〇〇だから、謝らないといけないよ」と納得できるように伝えることが重要です。**

よくあるのが、「黙っていたらわからないでしょ！」と言って、答える間も与えず「なんで言わないの！」とたたみかけるケース。**ロジカルの子は感情的に叱られることが苦手です。**「状況を教えて」と聞いたら、10～20秒待ってあげてください。答えられなかったら、「落ち着いたら聞かせてくれる？」と言ってさらに待ちましょう。自分なりに考えて伝えてくれるでしょう。

case 4

ロジカルタイプのケーススタディー

……もっとお手伝いをしてほしい

✕ NGな伝え方

どれでもいいからお皿を持ってきて

○ OKな伝え方

棚の下から2番目にある、細長いお皿を1枚持ってきて

ロジカルの子は、**あいまいな指示が苦手です**。晩ごはんのお手伝いでお皿を持ってきてほしい場合は、どこにあるお皿か、どのお皿か、何枚必要かがわからないと動けないのです。「ちょっと細かすぎる？」と思うくらいが、伝わりやすいのです。同じような頼み事でも、そのつど**具体的に伝えるようにしてください**。

「そこまで言わなくても、なんとなくわかるでしょう？」と思うかもしれませんね。けれども、「どれでもいいから」や「適当に」という**具体的ではない指示は、ロジカルの子には意図が伝わりにくい**ことを知っておきましょう。「どれでもいい」と言いながら、「このお皿は大きすぎる」などと言うのはもちろんNGです。

ちなみに、ロジカルの子の**モチベーションを上げる方法として、「○○できたらシールを貼る」というのが効果的**です。ロジカルは、大人も子どももポイントをためるのが好きな人が多いです。「ためると決めたらためる」と、目的に向かってしっかりやる性格なので、やる気につながります。この方法は、お手伝いだけでなく、朝のしたくや運動などさまざまな場面に応用できます。

case 5 ロジカルタイプのケーススタディー

部屋を片付けてほしい

OKな伝え方

片付けてほしいんだけど、「今すぐ」と「晩ごはんの後」どっちがいい？

NGな伝え方

今すぐ片付けなさい！

71ページでもお伝えしましたが、ロジカルの子は**自分で決めた計画にそって動きたいと思っています**。そのため、「今すぐ片付けなさい」と**せかされると、自分のペースを乱されたようで不快に感じます**。

やってほしいことがある場合は、**二者択一で決断させてあげるのが効果的です**。たとえば、「晩ごはんの前と晩ごはんの後に片付けるの、どっちがいい？」、「今日のうちにやるのと明日の朝やるの、どっちにする？」のように聞いてあげてほしいのです。ロジカルの子は、**自分で決めたことはしっかり守ろうとします**。

ちなみに、二者択一の選択肢に「今すぐ」がある場合、子どもはこれを選ばない傾向があります。そのため、早く片付けてほしいときは、あえて「今すぐ」を入れ、もう一方の選択肢には「今すぐ」ほどではないけれど、わりと近い将来の区切りを入れるのも一案です。テレビをみていたら、「今すぐとその番組が終わったら、どっちがいい？」など、**これならいいかなと思えるタイミングを選択肢に入れてみてください**ね。

「伝え方」体験談

わが家のロジカルさん

ロジカルの子をもつ3人の親の体験談を紹介します。親のタイプがそれぞれ違うので、かかわり方の参考にしてくださいね。

ロジカルどうしは意外とたいへん！

駒田さん

母 ロジカル
長男 ロジカル

わが家の長男は、高校1年生のときに不登校になりました。もともと頑固で育てにくいと感じていたのですが、親としてこれからどう接していったらいいのか悩み、いろいろ試したもののひとつが性格統計学です。

私がまず実践したのは、子どものペースを尊重すること。わが家は夫もロジカルなので、「ロジカルどうし、楽でいいですね」って言われるのですが、とんでもない！　全員が自分のペースを貫こうとするので、私がなにか言っても夫と長男は自分の区切りのいいところまでけっして動きません。

私のペースに合わせてほしくて「早くやっ

て！」とよく言っていましたが、これをやめました。子どもにやってほしいことがある場合は、やるタイミングを二者択一で自分で決めさせるようにしたのです。そうしたら、少しずつ素直に動いてくれるようになりました。

高校には2年生から行けるようになりました。今はもう社会人です。長男も性格統計学を学んで、自動車学校の教官として働いています。いい親子関係を築けていますよ。

「言う」と「伝わる」の違いを実感

板野さん

父 ピース
次女 ロジカル

私は親に、食事の作法について厳しく育てられました。当時は嫌でしたが、今はよかったと感じます。わが子にも同じようにしてあげたいと思い、厳しく声をかけています。

小学1年生の次女の食事のようすで気になるのが、左手を使わないこと。茶碗をテーブルに置いたまま食べるのです。私は「左手！」と言い、「なぜなら……」と理由を説明していました。でもすぐにやらず、強めに言ってやっとやるの繰り返し。それを見ていた妻が、「最後まで具体的に言ってあげるといいらしい」と教えてくれました。性格統計学を学んで、ロジカルの次女にはあいまいな指示は伝わりにくいことを知ったそう。ちなみに長女はビジョンなので、同じように言っても「察してできたのかも」とのことでした。

半信半疑で「左手を出して、お茶碗を持って食べてね」と伝えると、すぐにやってくれました！　さらに驚いたのが、宿題をみてあげているとき。次女が、「左手で紙をおさえるといいんだよね」と言ったのです。次女に聞いてみると、食事のときの左手の使い方を理解して、勉強に応用したことがわかりました。〝伝わる〟ってこういうことなんだなと感じた出来事でした。

おおらかな母ときっちり息子の妥協点

山川さん

母 ビジョン
長男 ロジカル

私は、長男が小学4年生のときにPTAの役員になりました。長男は発達障害で、癇癪（かんしゃく）を起こすこともたびたびあったので、近くで見守るために引き受けたのです。性格統計学との出会いは、PTA向けの講演会。長男への子育てでなにかヒントを得られればという思いで、試してみることにしました。

長男といちばんもめるのが、時間のことでした。「8時にでかけよう」と言うと、長男は8時ちょうどにでかけられるよう玄関で待っています。一方の私は、〝8時ごろ〟の感覚なので、いつも10分くらい遅れてしまいます。予定の遅れに長男が癇癪を起こし、それが治まらず私もイライラ。悩んでいました。

性格統計学で、長男はロジカル、私がビジョンと違うタイプであること、長男は決めたことはきっちり予定どおりに進めたい性格であることを知り納得。その後、長男には余裕をもって「8時10分にでかけよう」と伝え、私は8時にでかけるつもりで準備をするようにしました。たったこれだけのことなのですが、長男の癇癪は激減し、お互いが気持ちよく過ごせるようになりました。

長男は中学生になり、学校に楽しく通っています。今もいろいろな場面で、私が子どもに合わせるだけではなく、お互いが妥協できるところを見つけながら生活しています。

ロジカル親へのアドバイス

ロジカル親の特徴と子育て観

お母さんやお父さんがロジカルタイプだった場合のお話をしたいと思います。

子どものころから、計画を立てて効率よく動くことが得意なロジカルタイプ。親になった今、**自分の計画どおりに進めたいと思うあまり、子どもをせかす**ことはありませんか？　家事や仕事で忙しいときに限って、子どもは思うように動いてくれません。その状態が続くとストレスに感じて、「早くしなさい！」と叱ってしまうんですね。子どもは子どもなりのペースでがんばっています。**大人である親のほう**

が、**寛容に子どもを見守ることが大事です。**

また、ロジカル親は予定どおりにできないことに罪悪感を抱いて、自分を責めてしまうことも……。自分に対しても「予定どおりにできないこともある」と大目にみてあげることが大切です。

ロジカル親は、**シミュレーションしたうえで自分のペースで進めたい「納得型」**です。そのため、子育てについて「目標をもって計画的にできる子に育てたい」「自分で決めたことはやり遂げる子に育てたい」と願う傾向があります。

子どもの習い事なども、「やり始めたら最後までやらせたい」と思うことはないですか？　子どもが「やめたい」と言い出すと、**「途中でやめる＝それまでやったものがすべてムダになる」**と考

えがちなところも。「ここまでやったことからも得られたものがある」と考えて、子どもの意見も尊重してあげてください。

ロジカルの親御さんには、「うちの子、ほめるところがないんです」とおっしゃる方がいます。それは、**自分で「ほめる基準」を高めに設定し、その基準に達しないと子どもをほめることができない**からなのです。

たとえばこんな話があります。水が怖くて海に入れない子どもがいました。ロジカル親は「腰まで入れたらほめよう」と思っていましたが、子どもは膝までが精一杯。親は「それではダメ」と思い、ほめることができなかったというのです。その日は膝までしか入れなかったとしても、「膝まで入ることができた」と視点を変えてみてください。**ときには「ほめる基準」を下げるおおらかさも大事**です。

●ロジカル親×ロジカル子の場合

似たものどうしのロジカル親子。お互いが自分のペースをゆずらないとぶつかるので、ある程度は親が子どもを尊重してあげましょう。「子どもにも自分と同じように、自分のペースがあるんだ」と認めてあげることで良好な関係が築けます。

●ロジカル親×ピース子の場合

結論から聞きたいロジカル親と、理由や経緯を大切にするピース子。そのため、「なにが言いたいの？」と言いがちなので気をつけましょう。ピース子は「なんで？」と聞くことが好き。「そう決まってる」などと答えず、理由や経緯を教えてあげてください。また、ロジカル親にはスキンシップが苦手という人も多いです。ピースにはスキンシップが好きな子が多いので、親の歩み寄りが必要です。

●ロジカル親×ビジョン子の場合 とくに注意が必要な関係

臨機応変に動くことが好きなビジョン子は、自分とは真逆に感じるかもしれません。ロジカル親は計画的にできる子にしたいと厳しくしがちですが、「この子は自分とはまったく違う性格だ」と認めることが重要です。また、「〇〇しなさい！」という指示では、命令されるのが苦手なビジョン子にはストレスです。「〇〇できたらすごいんだけどな」と期待をこめた促し方で、やる気を引き出しましょう。

ロジカルタイプの人物像

目標を立てて確実に達成していく人

ここでは、私が開発したコミュニケーション支援アプリ「伝え方ラボ」で、ロジカルタイプと診断された経営者や芸能人、スポーツ選手などを紹介します。

その方たちの功績やテレビでのインタビュー、紹介記事などから、効率重視、勝負にこだわる、自分の納得が大事、自分のペースが大事、ポーカーフェイスなどのロジカルタイプらしい特徴がうかがえます。

たとえば松下幸之助さん。パナソニックの創業者です。他社から販売されていた電灯用のソケットを、より壊れにくく、より使いやすく、そして安価に購入できる二股ソケットに改良したことで知られています。**効率を追求した**結果ですね。

フィギュアスケート選手の羽生結弦さんは、**自分が納得できない演技のときは、たとえ1位でも「悔しいです」と言っていた**のが印象的です。

将棋のプロ棋士の藤井聡太さんもロジカルタイプ。彼のお母さまは、将棋に集中しているわが子のじゃまをしないようにしていたそうです。**ペースを大事にされて育った**のですね。勝っても負けても感情を大きく出さないところが、ロジカルらしいと感じます。

そのほかのロジカルタイプの著名人（敬称略・五十音順）

【経営者・政治家】ウォルト・ディズニー、福田康夫、星野佳路**【芸能人】**芦田愛菜、新垣結衣、大野 智、木村拓哉、櫻井 翔、二宮和也、福山雅治、星野 源、吉岡里帆、米津玄師**【ママ芸能人】**杏、井川 遥、榮倉奈々、乙葉、千秋、辻 希美、仲里依紗、藤本美貴、北斗 晶、松嶋菜々子**【お笑い芸人】**明石家さんま、有吉弘行、内村光良、笑福亭鶴瓶、タモリ、所ジョージ、ビートたけし**【スポーツ選手】**浅田真央、池江璃花子、伊藤美誠、髙木美帆、錦織 圭

グレーゾーンのお子さんへの対応

子育てカウンセリングをしていると、「うちの子、グレーゾーンなんです。対応の仕方がわからなくて……」とおっしゃる方がいます。「グレーゾーン」とは、発達障害のような特性がみられるものの、診断がつかない症状をさす言葉です。困り事を聞くと、「急な変更があると癇癪を起こす」「ベタベタくっついてくる」「落ち着きがなくて、座らせようとすると怒る」など。これらは、その子の性格の特徴やタブーとも関係があると感じます。

たとえば、ロジカルのお子さんは急な変更が苦手です。それが引き金で、癇癪を起こしてしまうのかもしれません。できるだけ変更がないよう、余裕のある計画を立ててみてください。スキンシップが好きなのは、ピースのお子さんの特徴です。抱きしめてあげると落ち着くかもしれません。やりたい気持ちが原動力のビジョンのお子さんは、落ち着きがないように見えることも。状況が許せば、行動をおさえつけずに見守ってあげてください。

「育てにくい」とおっしゃる親御さんは、親子でタイプが違うことが多くあります。それを知っただけで「気持ちがラクになった」という方も。いずれにしても、その子のタイプの特徴を知って、嫌がることをしないようにしてみてください。ストレスを最小限にしてあげるだけで、日々の困り事が減らせると思います。

第4章

ピースタイプのトリセツ

ピース タイプの 特徴

人との和や平穏を大切にします。相手軸で、自分のためより、相手によろこんでもらうためにがんばるタイプです。

理由や経緯が大事

本質にこだわるので、「なぜこうするのか」「どうしてこうなったのか」を知りたいと思っています。理由や経緯がわかると行動できます。

人の役に立ちたい

人の役に立ちたいので、相手のよろこぶ顔を見てうれしく感じます。性格タイプ診断（→P15）の質問①で、「相手が食べたいものを聞いて合わせる」のもそのためです。人に迷惑をかけるのが嫌いです。

もとから順を追って話したい

自分がもとから順を追って話を聞きたいので、相手にも順を追って話します。そのため、話は長くなる傾向があります。話に共感して、最後まで聞いてくれるとうれしく思います。

うれしいほめ言葉は「ありがとう」

感謝の言葉がやる気の原動力です。やったことに対して「ありがとう」がないと、やる気が出なくなります。「○○さんがほめてたよ」と間接的にほめられるのも心に響きます。

なんでにんじん買うの?

おかいもの
メモ
にんじん
5本

「なぜ?」「どうして?」が口ぐせ

理由や経緯を知りたいので、わかるまで何度も口にします。それらがわからないと、次に進めません。

感情がソフトに顔に出る

うれしいときは、ふんわりとした笑顔になります。ショックを受けたときや嫌なときは、相手への気遣いもあって、困ったような表情になります。

ピース タイプの タブー

かまってもらえない時間が多いとさびしく思います。和を乱す行動をするのも、だれかがしているのを見るのも嫌いです。

話を聞いてくれないこと

話は最後まで聞いてほしいと思っています。聞いているかどうかを敏感に察知します。忙しいときは「今、時間がないから後で聞くね」と理由を言ってもらうと安心します。後からちゃんと聞くことも大事です。

人と比べられること

「お姉ちゃんはもう宿題やったよ」と言われると、やる気をなくします。言った相手を嫌いになるくらい嫌です。「〇〇さんよりがんばったね」と比較してほめられるのも苦手です。

一人でやらされること

「自分でやっておいて」「あとはお願い」と任せきりにされるとがんばれません。「一緒にやろう」と言われると、安心して力を発揮できます。

大きな声や音

大声で話されると、怖さを感じて話が耳に入ってきません。言い争いも、気になって落ち着きません。ドアが「バタン」と閉まる音も苦手です。「だれか怒ってるのかな?」と思って不安になります。

「なぜ？」と聞いても答えてくれないこと

質問したことに対して、「理由なんかない」「そう決まってるの」と答えられると、モヤモヤします。理由がわからないと行動できないので、ちゃんと説明してほしいと思っています。

スキンシップがないこと

身近な人との触れ合いがないとさびしく思います。抱きしめてもらったり、背中に手を触れてもらったりすると安心します。

4
ピースタイプのトリセツ

ピースタイプのケーススタディー

case 1

学校の宿題をなかなかやらない

NG な伝え方

早く宿題やりなさい。一人でできるでしょ！

OK な伝え方

最初だけ、一緒にやろうか？

何事も親と一緒にやりたいピースの子。「お母さん、一緒に2階に来て」というようなことをよく言いませんか？　親はわが子を自立させたいと思うので、「もう4年生なんだから一人でできるでしょ」と答えます。しかしピースの子は「一人で」という言葉が嫌で、グダグダしてしまうのです。**最初だけでも親が一緒にしてあげるほうが、子どもはよろこんでサッと行動に移せます。**

「一人でできるでしょ！」「お兄ちゃんなんだから一人でしなさい」という言葉はタブー。**突き放された感じがして、やる気を失うので注意しましょう。**

ちなみに、理由や経緯を知りたいピースの子は、「なんで？」とよく聞いてきます。それに親がきちんと答えてあげることが大切です。勉強する目的を聞かれたら、「今、勉強しておくと将来の選択肢が広がるよ」と答えてあげる。「なんで2＋5は7なの？」と聞かれたら、おはじきで「2個あるでしょ？　これに5個足すと7個になるよ」と見せてあげる。このように**一つひとつの「なんで？」にきちんと対応してあげると、ピースの子は理解を深めて勉強が楽しくなります。**

ピースタイプのケーススタディー

case 2

テストでいい点をとったので、やる気が上がるようにほめてあげたい

NGな伝え方

この問題、難しいのに解けたんだね

OKな伝え方

わぁ♪ よくがんばったね。お母さん（お父さん）もうれしい。さすがだね

お母さんはうれしくないのかな？

よろこんでくれた♪もっとがんばる！

相手を優先するピースの子は、**親がよろこぶこと＝モチベーションにつながる**傾向があります。「どうしてがんばれたの？」と聞くと、「お母さん（お父さん）がよろこぶから」と答える子が、ピースに多いというデータも出ています。

そのため、ピースの子ががんばっていたら、親も一緒によろこぶことが大切です。「お母さん（お父さん）うれしいな」や「さすがだね」という言葉でねぎらってもらうと、次のモチベーションにつながるのです。また、**ピースの子は一人ではなく、親と一緒に物事を共有している感じがすると安心できます。**がんばっている姿を見かけたら、「お母さんに手伝えることがあったらなんでも言ってね」と、向き合う姿勢を見せて声をかけてあげるといいでしょう。

「○○したんだね」「○○できたんだね」という事実を伝えるほめ方は、ピースの子には響きません。これは親がロジカルタイプの場合に言ってしまいがちなのですが、ピースの子はほめられている気がしないのです。「お姉ちゃんは100点だったよ」など、人と比べられることも嫌がるので気をつけてください。

case 3 ピースタイプのケーススタディー

……お友だちとけんかして泣かせてしまった

NG な伝え方

なんでそんなことしたの！
（大声で叱る）

OK な伝え方

どうしてこうなったか教えて？
話してくれたら、お母さん（お父さん）うれしいな

こ、こわい……

ちゃんと聞いてくれるんだ。ホッ

ピースの子が大切にしているのは「和」です。「お友だちを守りたい」「だれかが困っている」といった正義感から、けんかをしてしまうこともあるでしょう。お友だちをたたいたり、傷つけたりしてしまったときは、「迷惑をかけてしまった……」と、周りが思っている以上に落ちこんでいるかもしれません。

ピースの子に対しては、**なぜお友だちを泣かせてしまったのか経緯を聞き、叱っている理由をはっきりと伝えてあげてください。**物事の理由や経緯を知りたいという傾向があるからです。きちんと話してくれたら、「話してくれて、ありがとう」という言葉も忘れずに。このときのポイントは、親がしゃがんで子どもと目線を合わせながら話すこと。ピースの子はスキンシップが好きなので、抱っこしながら話を聞いたり、ハグをしたりしてあげるのも効果的です。

大きい声が苦手なピースの子は、「なんでそんなことしたの！」と怒鳴られると恐怖の感情しか残りません。「お母さんもう知らないからね！」といった突き放した言葉も見捨てられた感じが強く、自己肯定感を下げてしまい逆効果です。

ピースタイプのケーススタディー

case 4

もっとお手伝いをしてほしい

NG な伝え方

○○ちゃんは、毎日お風呂掃除をしているんだって

OK な伝え方

お母さん今、料理してるから、代わりにお風呂掃除してもらえたらうれしいな

人の役に立つことが好きなピースの子は、「なぜ自分に頼むのか？」という**理由に納得ができれば、相手のために動くことができます。**正しい伝え方をすれば、お手伝いもよくしてくれるでしょう。だれかのためにがんばることが最大のモチベーションになるので、人から感謝されることにやりがいを感じます。

ピースの子に**お願いしたいことがあれば、理由をはっきり伝えましょう。**そのうえで、お手伝いができたら、**「ありがとう」と感謝の気持ちを伝えてください。**どんな言葉よりもうれしく、モチベーションのアップにつながります。「すごーい！」とリアクションするだけでは心に響かないので、注意が必要です。

人と比較するのはやめましょう。「○○ちゃんはしているらしいよ」「お姉ちゃんはちゃんとやっているのに」というように**だれかと比べられると、ピースの子は一気にモチベーションが下がってしまいます。**「なぜその子（または兄弟）の話が今、出てくるの？」と、モヤモヤしてしまうのです。「お兄ちゃんとどっちが早くできるか競争しよう」など、競争させられることも苦手です。

case 5 ピースタイプのケーススタディー

部屋を片付けてほしい

NG な伝え方

あ〜、もうこんなに散らかして！ 今すぐ片付けなさい！（ガミガミ言う）

OK な伝え方

一緒に片付けようか？

相手軸のピースの子は、学校や外では周りの人に気を遣います。先生からは「しっかりしていますよ」と評価される一方で、家ではだらける子が多い傾向があります。「うちの子、外面がいいんです」と話す親御さんもいますが、外面がいいというより、**外でがんばっている分、家で羽を伸ばしている**と受けとめましょう。

ピースの子が家でぐうたらしていたら、まずはひと息ついて「学校で気を遣っているからだな」「外でがんばっているんだな」と思ってあげてください。そのうえで、やってほしい予定（たとえば、片付けや宿題など）は**「一緒にやろうか？」と優しく提案してあげましょう**。ピースの子は、親が向き合ってくれたり、話を聞いてくれたりすることが大好き。自己肯定感の向上にもつながります。最初だけでも一緒にやってあげると、しだいに一人でもできるようになるでしょう。

「いつまでもぐうたらして！」「今すぐ片付けなさい！」など、大きな声やガミガミ言う伝え方では、心に響きません。**攻撃的に言われたことに対して不快に感じ、モチベーションが下がってしまう**ので逆効果です。

「伝え方」体験談

わが家のピースさん

ピースの子をもつ3人の親の体験談を紹介します。親のタイプがそれぞれ違うので、かかわり方の参考にしてくださいね。

タブー連発の受験勉強

高橋さん

母 ロジカル
次女 ピース

わが家の子どもは2人姉妹。長女が私立中学に入学し、小学4年生の次女にも同じ中学校を目ざしてほしいと思いましたが、なかなか受験勉強に身が入りませんでした。

過去問をやるのもいやいやで、1問解くのにものすごく時間がかかります。やる気を出してほしいと思い、「お姉ちゃんはもっとがんばってたよ！」と声をかけていました。ところがやる気を出すどころか、机にすら向かわなくなってしまったのです。

どうすればいいのか悩んでいたときに、テレビで性格統計学を知りました。私はロジカル、次女はピースタイプであるとのこと。そして、ピースは比べられると嫌になってしまうことも知って猛省。「なんで受験するの？」と聞かれたときに、「あなたのためよ」とか答えず、理由をちゃんと伝えなかったのもよくなかったようです。それからはタブーに気をつけるようにしました。

伝え方を変えて、次女も少しずつ受験に前向きに。そしてこの春、長女と同じ私立中学に合格することができました。

おっとり長男へ頑固親父(おやじ)の声がけ

後藤さん

父 ピース
長男 ピース

わが家には息子が2人います。父として気になるのが長男。おっとりした性格なのはわかるのですが、近所の方になかなかあいさつをしなかったり、小児科で通路をふさいでいることに気づかずに遊んでいたりするのを見ると、「早くあいさつしなさい！」「そんなところで遊ばない！」とつい厳しく言ってしまいます。そのようすに妻は、「うちのお父さんみたい。昭和の頑固親父にそっくり」と言います。

私が性格統計学を知ったきっかけは、ビジネス本です。会社の人間関係に役立てようと勉強していたのですが、子育てにも役立つと聞きました。そして、私のようなピースタイプの親は、ほかの人に迷惑をかけてはいけないという思いが強いので、わが子に対して厳しくなりがちと知ったのです。

長男も私と同じピースタイプ。それからは、「あいさつしたらみんな気持ちいいと思うよ」「こっちで遊んだほうが、みんな通りやすいよ」のように、自分が言われて響く言葉で声をかけるようにしました。ちゃんとできたら、「お父さん、うれしいよ」も忘れずに。頑固親父とよばれないように、気をつけて過ごしています（笑）。

わが子にとってのほめ言葉「ありがとう」でほめる

太田さん　母 ビジョン　長男 ピース

わが家の長男は、甘えん坊の小学1年生です。図工が好きで、電車やロボットをよくつくっています。ときどき私にも、折り紙を折ってくれたり、絵を描いたりしてくれます。

あるとき長男が、私と私の母に似顔絵をプレゼントしてくれました。どちらも力作です。私はうれしくて、すぐに「すごい！ 上手！」と言ってよろこびを伝えました。ただ、長男は「うん」とうなずくだけ。

一方、私の母が「うわぁ、おばあちゃんうれしい。ありがとう♪」と言うと、長男の顔が明らかにパーッと輝いて、よろこんでいるのがわかりました。じつはこういったことがたびたびあって、長男はおばあちゃん子なんだろうなと思っていました。

あるとき、友人が性格統計学というものがあると教えてくれました。三男の育休中だったので勉強してみようと、セミナーに参加。

すると長男はピースタイプで、「ありがとう」がほめ言葉だと知りました。そして、母も同じタイプだったのです。ビジョンタイプの私は、「ありがとう」がほめ言葉になるとは、思ってもみませんでした。

今でもほめるときにはついつい「すごい！」と言ってしまうのですが（苦笑）、長男に対してはすかさず「ありがとう」も言うように、日々、意識しながら過ごしています。

ピース親へのアドバイス

ピース親の特徴と子育て観

お母さんやお父さんがピースタイプだった場合のお話をしたいと思います。

ピース親のお母さん、お父さん。**わが子のことを少しでも知りたくて、「なんで？」「どうして？」とよく聞いていませんか？**「今日、学校でなにがあったの？」「なぜそれを選んだの？」。そんなふうに事細かに質問していないでしょうか。

これは、ピース親が幼少期、「その日あったことを親に全部話したい」「親と一緒に行動したい」と、親と共有することでよろこびを感じる子どもだったから。

親の立場になった今も、「わが子もそうであるはず」と考えているのです。そのため、子どもに「別に」「フツー」「忘れた」と答えられるとモヤモヤしてしまいます。**全部を話さない子もいることを認めましょう。**

ピース親は、何事においても理由や経緯を知りたいので、子どもにも理由や経緯を話してあげたいと思っています。さらに、**もとのもとから順を追って話したいので、話が長くなりがちです。** 子どもからすると、「説明が長すぎて、なにを言っているのかわからない」という状況に。なかには話を聞き流して、ほとんど聞いていなかった……なんていうときも。説明するときも叱るときも、くどくならないように気をつけてください。

相手優先で人の役に立ちたいピース親は、**「ありがとう」の言葉が原動力で、人の和を大切にする「平穏型」**です。そのため、わが子に対して「お友だちと仲良くできる協調性のある子に育てたい」「気遣いができる優しい子に育てたい」と願う傾向があります。

ちなみに、ピースタイプのお母さんは、「家族には強い」という特徴があります。それは、「家族は自分」という認識だからです。子どもに対しては、外で恥ずかしいことをしてほしくないと考えているので、しつけに厳しくなる方が多くいます。夫に対しては、こんな方がいました。私と話しているときは温和な印象だったのに、電話に出たとたんにガラッとトーンが変わって、「あぁ、そう。もう切るね」と冷たい印象に。電話の相手を聞くと、「旦那です（笑）」とのこと。ピースタイプのお母さんにこの話をすると、9割以上が「私もです！」と答えます（笑）。

ピース親×ピース子の場合

ピースどうしの場合、コミュニケーションにズレは少ないですが、ピース親が厳しくなることがあります。自分がされたくないのに、大きな声で叱ったり、「ありがとう」を言い忘れてしまったり、人と比べてしまったりしないように気をつけて。

ピース親×ロジカル子の場合 とくに注意が必要な関係

ロジカル子は、目的があるときはお友だちと遊びますが、基本的には一人遊びが好きです。一人で遊ぶようすを見て、協調性を大事にするピース親は心配になります。なかには、お友だちと遊ぶ約束をとりつけてくるという親御さんも。また、話が長くなりやすいピース親。結論から伝えるように気をつけましょう。

ピース親×ビジョン子の場合

「なんで？」と聞くのが好きなピース親と、「なんで？」と聞かれると否定されたと感じるビジョン子。開口一番に「なんで？」と言うのは我慢して、「これおもしろいね！」「すごいね！」と肯定してから、聞くようにしましょう。また、ビジョン子がやりたいことに対して「なんのためにするの？」という声がけもNG。「どんなところに興味があるの？」と聞くと、うれしそうに話してくれるはずです。

ピースタイプの人物像

もとのもとを追求し、人のために力を発揮できる人

ここでは、私が開発したコミュニケーション支援アプリ「伝え方ラボ」で、ピースタイプと診断された経営者や芸能人、スポーツ選手などを紹介します。

その方たちの功績やテレビでのインタビュー、紹介記事などから、本質へのこだわり、相手への気遣い、人がよろこぶことが原動力、ソフトな印象などのピースタイプらしい特徴がうかがえます。

本田技研工業の創業者である本田宗一郎さんは、エンジンの研究・開発に尽力しました。**もとのもとから仕組みを考えて、画期的なエンジンをつくり上げた**ことで知られます。大リーグで活躍するプロ野球選手の大谷翔平さん。お母さまのインタビュー記事によると、子どものころは親の顔色をみて**迷惑をかけないように我慢をしているようなところがあった**そうです。卓球選手の張本智和さんは、16歳のときに母の日のメッセージで、「来年は（**お母さんを**）**かならずよろこばせられるようにがんばります**」と書いていたところに、ピースらしさを感じました。

そのほかのピースタイプの著名人（敬称略・五十音順）

【経営者・政治家】 安倍晋三、小池百合子、スティーブ・ジョブズ、柳井 正 **【芸能人】** RM（BTS）、綾瀬はるか、指原莉乃、竹内涼真、長澤まさみ、林 修、ムロツヨシ **【ママ芸能人】** 上戸 彩、北川景子、木村佳乃、ギャル曽根、SHELLY、平 愛梨 **【お笑い芸人】** 加藤浩次、木村祐一、設楽 統、田村 淳、南原清隆 **【スポーツ選手】** 久保建英、澤 穂希、ダルビッシュ有、八村 塁

どんな夢でも応援しましょう

子どもは、タイプによって夢のもち方が違います。


ロジカルの子は意外と現実的で、会社員や公務員になりたいという子が一定数います。

ピースの子は、自分の身近にいる好きな人と結びつく仕事をあげる場合が多いです。たとえば学校の先生や親と同じ仕事、ときには「お母さんになりたい」という子もいます。看護師など人の役に立つような仕事も多いですね。

ビジョンの子は、芸能人やプロ野球選手、パイロットなど大きな夢を描く傾向があります。感性に響いたことが夢になるため、そのときそのときで夢が変わりがちです。

子どもが夢の話をしたときに、親はついつい「今の点数じゃむり」「もっと勉強しないとなれないよ」と言ってしまいがちですが、その言葉はわが子の夢をしぼませます。どんな夢でも受け入れて、「その夢いいね」「なれたらかっこいいね」「なれるようにがんばろうね」と応援してあげてほしいのです。


魚類学者のさかなクンや、棋士の藤井聡太さんのお母さんは、好きなことに没頭するわが子をいっさい否定せず、応援し続けてあげたとか。そのおかげで能力が開花し大成したわけですから、子どもの可能性の芽を親がつまないようにしたいものですね。

第5章

ビジョンタイプのトリセツ

ビジョンタイプの特徴

「やりたい！」という願望があると集中してがんばれるタイプです。自分の直感や感性に従って行動します。

将来性や可能性が大事

「おもしろそう」「楽しそう」「なんか好き」などの期待がもてるか、ピンとくるかが行動のカギです。自分が「やりたい！」と思ったら、どんなことでもできると信じて行動します。

臨機応変に行動する

急な変更にも、状況に合わせて対応できます。性格タイプ診断（→P15）の質問②で、晩ごはんが変更になっても気にならないのはそのためです。

主語がなく、話が飛びやすい

想像力が豊かで、頭の中に映像を浮かべながら話しています。その映像に対して「あれ、おもしろいよね」のように話すので、主語が抜けがちです。ひとつの話題から連想して別の映像が浮かぶので、話が飛びやすいです。

うれしいほめ言葉は「すごい!」

短く、リアクション大きく、抑揚をつけてほめられるとモチベーションが上がります。毎日でもほめられたいと思っています。まさしく、「ほめて伸びる子」です。

「すごい」「絶対」が口ぐせ

驚いたときや感心したときなど、どんなときでも「すごい!」と言います。そのすごさを「すごい!　すごい!」と回数を重ねて表現します。「絶対」は「100%」ではなく、「とても」くらいの意味合いで使います。擬態語が多いのも特徴です。

感情が顔に出やすい

表情豊かで、リアクションも大きめです。うれしいときは「わぁ! うれしい!」、落ちこんだときは「ガーン」など、言葉でも感情を表します。じつはデリケートな一面もあります。

ビジョンタイプのタブー

ほめられたら、その分がんばるタイプです。逆に、ほめてもらえないとやる気が出ません。細かい指示や束縛も苦手です。

長い話や細かい指示

話は要点だけ聞きたいと思っています。話が長すぎると、途中から聞いていません。お願い事は、ざっくりとした指示のほうが動けます。細かすぎる指示は、やる気をなくします。

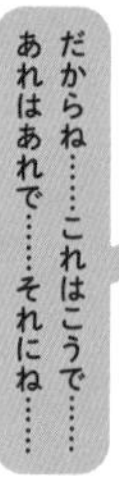

間違いを指摘されること

トライ&エラーを繰り返しながら、つくり上げていきます。間違っていたらやり直せばいいと思っているので、途中で指摘されるとモチベーションが下がります。

束縛されること

「何時に帰ってくるの?」と聞かれることも、束縛のように感じます。予定をきっちり決めていないので、「何時ごろ?」と聞かれたほうが答えやすいと感じます。

後回しにされること

たとえば話したいことがあったら、すぐに聞いてほしいと思っています。「後でね」と言われると気持ちが冷めてしまい、忘れてしまいます。片手間でもいいので、聞いてくれたら満足します。

「なぜ？」と質問されること

たとえば絵に対して「なんでこの色にしたの?」と聞かれると、否定されているように感じます。「この色いいね。なんでこの色にしたの?」のように、肯定してから質問されると、気持ちよく答えられます。

命令されること

「片付けなさい!」「寝なさい!」のように、命令口調で言われるのが嫌いです。「はーい」とは答えるものの、モチベーションがわかないので動けません。「片付けてくれたらすごいんだけどなぁ」のように、促す言い方のほうがやる気が出ます。

case 1 ビジョンタイプのケーススタディー

学校の宿題をなかなかやらない

NGな伝え方

優先順位をつけてやりなさい！

OKな伝え方

早めに宿題できたら、すごいんだけどなぁ

好奇心があり、想像力が豊かなビジョンタイプ。自分の願望を重視するため、**「やりたい！」と感じることには、集中力をもって取り組みます。**その反面、興味のないことは後回しにするところがあります。「早く勉強しなさい」と言うと、「はーい！」と返事だけしてスルー……なんてこと、ありませんか？

たとえば、「1時間だけ」とゲームをする時間を約束していたとき、1時間後に「もうちょっとだけ！」と言うかもしれませんね。10分程度なら交渉に応じてあげて、「ここでやめて、宿題できたらすごいんだけどなぁ」と、**前向きに気持ちを切り替えてあげてください。**「1時間って約束したよね？」と、くどくど言うのはNG。「大丈夫！　宿題がんばろう！」などと声をかけて、明るく促しましょう。

「優先順位をつけてやりなさい」と言う親もいますが、この考え方はビジョンの子はあまり理解できません。自分のひらめきを大切にして、そのつど工夫して臨機応変に行動するのが好きだからです。ビジョンの子には、**親が必要以上に細かく口出しすると、逆にやる気をなくしてしまうので注意しましょう。**

ビジョンタイプのケーススタディー

case 2

テストでいい点をとったので、やる気が上がるようにほめてあげたい

NGな伝え方

がんばったね。でも、なんでここだけ間違えたの？

OKな伝え方

おぉ！ すごーい！ がんばったねぇ！

ビジョンの子は人一倍「ほめられたい」「自分を認めてほしい」タイプ。ほめられるとモチベーションが上がり、成長にもつながります。**心に響くのは、「すごいね！」のような、短くてリアクションの大きなほめ方です。**

感情表現が苦手な親には抵抗があるかもしれませんが、**オーバーぎみに抑揚をつけてほめてあげてください。**「おぉ〜」と、感嘆詞をつけるのもいいでしょう。「ほめすぎるとつけあがるのでは？」と思うかもしれませんね。ビジョンの子は、昨日のことは過去のこと。毎日ほめても、ほめすぎということはないのです。

タブーは、ほめられると思っているのに、細かいミスを指摘されること。たとえば子どもが、テストでふだんよりいい点（90点など）をとったとき。ケアレスミスに気づいて、「ここだけ間違えるなんてもったいない」と言ってしまうことありますよね。「同じ失敗をしないように」という親心からですが、**「ほめる」と「指摘・注意」を同時にするのは逆効果。やる気をなくします。**ミスについては、ほめた後に10分はあけて「間違えたところ、直しておこうか」と言いましょう。

ビジョンタイプのケーススタディー

case

3

……

お友だちとけんかして泣かせてしまった

✕

NG

な伝え方

なんでお友だちをたたいたの？
ダメでしょ。
そのくらいわからないの？

○

OK

な伝え方

お友だちをたたくのはよくないよ。
ほんとうは反省してるんだよね

私はダメな子って
思われてる……

ビジョンの子は想像力が豊かな分、その場の空気を読もうとします。親が怒っていることも察するので、必要以上に**くどくど叱ることは避けましょう**。本来、認められたいビジョンの子は、叱られると自分を否定されたと思い、落ちこんでしまいます。その子の自己肯定感やモチベーションを下げないためにも、ビジョンの子を叱るときは、後から気持ちを上げるフォローも大事です。

そのため、**短い言葉で端的に叱り、「ほんとうは反省してるんだよね」「ちゃんとわかってるんだよね」「お母さん（お父さん）は、あなたは優しい子だって知ってるよ」のように期待をこめて伝えるのが効果的**。そうすると、前向きに気持ちを切り替えることができます。

「そのくらいわからないの？」「考えればわかることでしょ？」という言葉はビジョンの子にはタブー。能力が低いと思われたように感じます。心に刺さって傷つく言葉なので、自己肯定感を低くしてしまう可能性があります。子どもの心に後々残らないよう、叱り方には気をつけましょう。

case 4 ビジョンタイプのケーススタディー

もっとお手伝いをしてほしい

× NG な伝え方

ケンジ、お茶碗（ちゃわん）とお皿とお箸を
テーブルに出して

○ OK な伝え方

あっ！　ケンちゃーーん！
お茶碗とか出してくれる？

ビジョンは勘がよく、大枠の指示だけで動けるタイプ。「お茶碗とか出してくれる？」というフレーズだけで、「お手伝いしてほしいということだな」とすぐに理解できるのです。親は子どもができないと思って具体的に説明したがるものですが、ビジョンの子はこと細かく説明されるのが苦手。初めての依頼ならともかく、**日常的な頼み事はざっくりした指示で構わない**と思っています。

お手伝いを頼むときは、一気に伝えるのではなく、「お茶碗とか出してくれる？」とざっくり伝えた後に「お皿やお箸もね」とつけ足しましょう。**細かく指示されすぎると、わずらわしいと感じることがある**のもビジョンの特徴です。多くの情報を詰めこんで話しかけると、聞き流されてしまう可能性が高いのです。

そして、ビジョンの子への声がけで重要なのが声のトーンです。**「〇〇くーん！」「〇〇ちゃーん！」と抑揚をつけてよびかけると、心に響きやすくなります。**頭に「あっ！」とつけて一呼吸して話し出すと、子どもが命令とは感じず、受け入れやすくなります。「あっ！」と言うのが難しければ、「ねえ」でもいいですよ。

case 5 ビジョンタイプのケーススタディー

部屋を片付けてほしい

NGな伝え方

そのゲーム、いつまでやるの？
今すぐやめて片付けなさい！
（命令口調で言う）

OKな伝え方

今すぐ部屋を片付けてくれたら
すごいんだけどなぁ

まだゲーム
やりたいのに……

じゃあ、
片付けようかな！

ビジョンの子は、**「片付けなさい！」のように命令口調で言われるのが嫌いです**。「はーい」と返事をしたとしても、モチベーションがわかないので動けません。「ToDoリストに加えただけ（＝今やるとは限らない）」という感じです。

ビジョンの子に動いてほしいと思ったら、命令口調ではなく、やわらかく伝えましょう。そして、「できたらすごいんだけどなぁ」と期待をこめて促し、少しでもやり始めたら、「すごーい！」「いい感じだね！」とほめてあげましょう。**ビジョンの子には、とにかく期待をこめて促す「できたらすごい！作戦」が効果的**なのです。

また、ビジョンの子は**前日に翌日の準備をせず、当日の朝にしたくをする子が多い傾向にあります**。親は「前日に準備できる子になってほしい」と思うかもしれませんが、なかなかできないと親もつい口うるさく言ってしまい、毎日、叱っている状態に。それを避けるためにも「この子は朝にしたくをする子なんだ」と割りきって、朝15分早く起こして準備の時間をつくってあげるのも一案です。

「伝え方」体験談

わが家のビジョンさん

ビジョンの子をもつ3人の親の体験談を紹介します。親のタイプがそれぞれ違うので、かかわり方の参考にしてくださいね。

叱っても反省しない娘

有田さん

母 ロジカル
次女 ビジョン

わが家には小学生の娘が3人います。同性なのでわかり合えるものと思っていましたが、小学3年生の次女にはなかなかそう思えないところがありました。

次女は、体格がほぼ同じ長女の服をたびたび借りて着ています。あるとき、長女のまだ着ていない新しい服を、次女が勝手に着て出かけてしまいけんかになりました。私は、けじめをつけて貸し借りできる子になってほしいので、ダメな点を明確にして叱るのですが、次女は反省しているように見えません。

長女と三女は叱ると行動が変わるので伝わった感じがするのですが、次女の行動はまったく改善されないのです。後から次女に、「お母さんの話し方、こわいから嫌だ」と言われました。

性格統計学を学んで、次女は命令口調の強い言い方が嫌いなビジョンタイプと知りました。それからは「これはしないでほしいな」とやわらかく言うことに。今では次女にもちゃんと伝わっていることがわかります。

思春期ビジョン息子のトリセツ

小山さん

母 ピース
長男 ビジョン

私には長女・次女・長男の3人の子どもがいます。いちばんの悩みの種は高校3年生の長男。思春期で会話がありません。どうにかしたいと思いつつ、高校最後となる部活の大会で結果を出させてあげたいという気持ちもありました。そんなときにテレビで性格統計学のことを知り、学んで実践したのです。

長男がビジョンと知り、まず「なぜ?」と聞かないことにしました。それまでは、長男のことを知りたくて繰り返し「なぜ?」と聞いていましたが、それがストレスと知り我慢しました。次に「すごい！」とほめること。今まで言ったことがなかったのですが、長男はまんざらでもなさそうなので続けました。

すると部屋に閉じこもりがちだった長男が、リビングにも顔を出すようになり、会話が増えました。そして高校最後の大会で強豪校を撃破し、なんと優勝！　インターハイ、さらに国体への出場を決めたのです。

“なんで早いの?”って聞きたいけど我慢

おかえり！早かったね

“なんで?”って聞かれないから、お母さんと一緒にいてラク～

いつもより早く帰ってきた長男

親として、わが子が家庭でストレスなくいられる環境をつくったことが、この結果につながったのだと感じます。成功体験を積んで、自己肯定感を高められたかなと思います。

ちなみにわが家は、長女がピース、次女はロジカルと全員が違うタイプ。それぞれに合う伝え方をしています。使い分けがたいへんでしたが、慣れると当たり前になりますよ。

想像力が豊かすぎる息子への対処法

稲場（著者）

私の一人息子の話をしますね。小学1年生

のテストで、なんともかわいらしい間違いがあったのでご紹介します。

左の写真は、当時の国語のテストです。回答が連想ゲームのようになっているのがおわかりでしょうか？　最後に「学校」＝「たのしい」とあります。「学校が楽しい」って最高！　と思いました。不思議なことに、ホッとしたのをおぼえています。

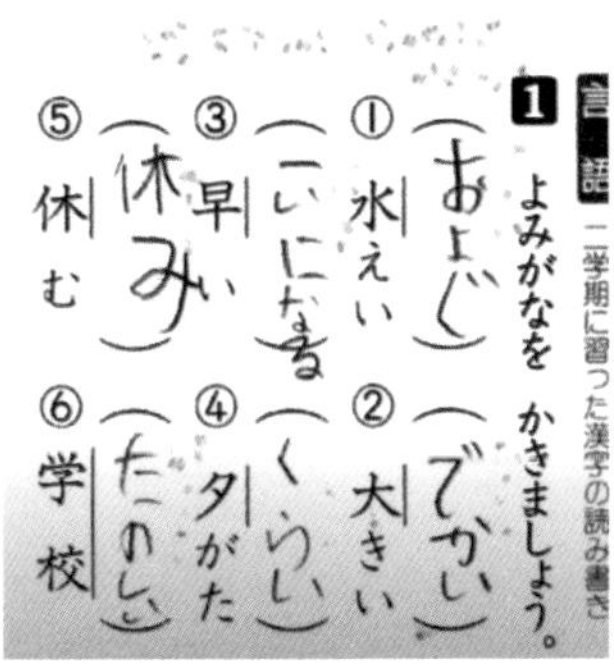

息子が小学１年生のときの国語のテストです。バツをつけなかった先生にも感謝しています。

ちなみに、ビジョンの子は問題をちゃんと読まなかったり、読み飛ばしたりする傾向があるのですが、「まさにこれ！」と思った出来事でした。これを見て私は、細かく間違いを指摘せず、笑顔で「学校、楽しいんだね♪」と言いました。「これ、読み方を書くみたいだよ」と伝えたところ、それ以降は同じ間違いはしませんでした。

ビジョンの子は、細かい指摘はせずに、おおらかな気持ちで育てるのがいいと思います。実体験からも、これで間違いないとお伝えできます。このテストは、今も大事に保管しています。

ビジョン親へのアドバイス

ビジョン親の特徴と子育て観

お母さんやお父さんがビジョンタイプだった場合のお話をしたいと思います。年齢を問わず、ひらめきや感覚で動く人が多いビジョン。**子どものころから、「細かいことは言われたくない」「束縛されたくない」「間違えたことを指摘してほしくない」というようなことを感じていませんでしたか？** しかし、いざ自分が親になってみると、子どもに対して「インターナショナルな子になってほしい」「活躍してほしい」「集合写真の真ん中に写っていてほしい」などという願望が出

てきます。

ビジョン親は感性や想像力が豊かで、直感的に行動する「願望型」。子どもに対して「自発的にチャレンジできる子に育ってほしい」「いきいきと活躍できる子に育てたい」と望み、子どもに夢を託す傾向があるのです。

自分優先で、臨機応変に進めたいのがビジョンの性格。家事も事前に時間配分を決めているわけではなく、やりながら考えていませんか？　計画を立てて動くことを好まず、子どもとの予定を細かく決めることが苦手な人も多いです。休日の朝、8時に家を出ようと約束しても、自分の準備が遅れて8時10分になってしまうことも（笑）。

また、「おしたくボード」や「ごほうびシール」をやらせるものの、自分が苦手で続かないというのもよくある話です（笑）。子どもがロジカルタイプの場合は効果がありますので、できるだけがんばりましょう。

短く、大きなリアクションで「すごーい！」とほめられるとモチベーションが上がるビジョン。**ちょっとオーバーなくらいにほめられることが好きなので、子どもにも同じようなほめ方をします。**しかし、タイプによっては不快に感じる子もいることをおぼえておきましょう。

ちなみにビジョン親の会話は、**擬態語やフワッとした表現が多いのが特徴です。**「ピカピカになったね」「キラキラしてるね」などの擬態語は、「もっと具体的に言ってほしい」と感じる子もいます。「もうちょっと」「あと少し」のようなフワッとした表現よりも、「もう3回」「あと15分」と具体的なほうが伝わる場合もあります。

●ビジョン親×ビジョン子の場合

お互いに相手の話をくみとることが得意なため、親が子どもに自分の願望を押しつけさえしなければうまくいきます。急に思い出したように「片付けて」などと言うのがビジョン親。ビジョン子は突然、威圧的に言われることが好きではありません。話は通りやすいのですが、むり強いしないように気をつけてください。

●ビジョン親×ロジカル子の場合

ビジョン親は自分が察することができるため、「片付け、手伝ってほしいんだけど」のようなあいまいな言い方でお願いしがちですが、ロジカル子には伝わりません。5W1Hを意識して、「明日までに、〇〇くんがリビングのおもちゃを箱に片付けてくれる？　お客さんが来るからね」のように具体的に伝えましょう。

●ビジョン親×ピース子の場合　とくに注意が必要な関係

「自発的な子に育ってほしい」と思うビジョン親は、ピース子がいつも「お母さん、どっちがいい？」と聞いてくると心配になります。「自分の好きなほうでいいよ」と答えますが、ピース子は親と一緒に決めることがうれしく、自己肯定感が高まることを知っておきましょう。ほめるときは「ありがとう」も忘れずに。

ビジョンタイプの人物像

自分が信じた可能性に向かって行動できる人

ここでは、私が開発したコミュニケーション支援アプリ「伝え方ラボ」で、ビジョンタイプと診断された経営者や芸能人、スポーツ選手などを紹介します。

その方たちの功績やテレビでのインタビュー、紹介記事などから、チャレンジ精神が旺盛、表情豊か、任せられると力を発揮するなどのビジョンタイプらしい特徴がうかがえます。

京セラの創業者である稲盛和夫さん。その功績のひとつに、赤字続きだった日本航空の再建があります。**不可能と言われていた再建に活路を見いだし、成し遂げました**。プロテニス選手の大坂なおみさんは、負けたら悔しがり、ときには涙を流すなど**感情が表に出やすい**ですよね。天真爛漫（てんしんらんまん）に見えて**デリケートな一面があるところも**、ビジョンらしいと感じます。プロ野球選手の田中将大さんは、どんなに打たれても、最後にはおさえて勝った試合がいくつもあります。当時の監督は野村克也さん。**調子が悪くても、任せて投球を続けさせた**ことがたびたびあるそうです。ビジョンのお子さんに対しては、任せる勇気が必要だと感じたエピソードです。

そのほかのビジョンタイプの著名人（敬称略・五十音順）

【経営者・政治家】 イーロン・マスク、小泉純一郎、孫 正義 **【芸能人】** 相葉雅紀、神木隆之介、さかなクン、寺田 心、中居正広、マツコ・デラックス、松本 潤、吉田 羊 **【ママ芸能人】** 菅野美穂、吉瀬美智子、工藤静香、紗栄子、篠田麻里子、仲間由紀恵、長谷川京子、福田 萌 **【お笑い芸人】** 岡村隆史、カンニング竹山、浜田雅功、松本人志、矢部浩之 **【スポーツ選手】** イチロー、小平奈緒、堂安 律、長谷部 誠

性格タイプ別、問題の解き方をおぼえる方法

ロジカルの子は、公式をおぼえるのが得意です。公式をあてはめて練習問題をたくさん解くことで、解き方をおぼえます。気をつけなければならないのは、計画をじゃましないこと。たとえば子どもが「10問解く」と決めた場合、5問目で間違いに気づいても指摘しないでください。やる気がなくなります。「10問解く」を達成して、点数をつけてから指摘するようにしましょう。

一方ピースの子は、本来いい点数をとるなどの目先の目標のためには動きません。ただ、いい点数をとると親がよろこぶのでがんばります。ほんとうに力をつけさせたい場合には、「なんでこの公式をおぼえるの?」のような疑問に、しっかり答えてあげることが大事です。「この公式は、生活のこんなところで使われているよ。だからおぼえると役に立つよ」のように、子どもの「なんで?」を一つひとつ解決してあげるとしっかり身につきます。

ビジョンの子は、答えから逆算して解き方をマスターします。親は、子どもが答えを見ると「ズルしてる」と叱りがちですが、ビジョンの子は先に「答え」を見せてあげたほうが、早く習得できる傾向があります。練習問題で数問「答え」を見て、「答え→途中の計算式→問題」と逆算していくと、解き方を感覚的におぼえて問題が解けるようになるでしょう。

第6章

「伝え方」を実践してみましょう

わが子のタイプに合わせて伝えるコツ

自分を変えなくても、伝え方を変えるだけでいい

ここまで読んで、人間の性格は大きく分けて3タイプあることがわかっていただけたと思います。**ロジカル、ピース、ビジョンと、子どもによって伝え方や受けとめ方に違いがあることも、ご理解いただけたでしょう。**

長年、さまざまな親御さんと話をしてきましたが、わが子に合ったほめ方や励まし方などを知ったうえでも、「私は、子どもにこんな言い方できないわ」とおっしゃる方がいます。そこで、その知識を日常生活でどう実践していくかについて、お話ししたいと思います。

心理学で使われる「リフレーミング」という言葉をご存じでしょうか？　ある枠組み（フレーム）で見ている物事を、別のフレームから見るようにすることをいいます。たとえば夏休みが残り3日しかないのに、子どもが宿題をしていなかった場合。「あと3日しかない」と思うと、親は心配でイライラしますよね。しかし、これを「まだ3日ある」と思うといかがでしょう？　自分の価値観で見ている物事を、別の角度・目線で見るのがリフレーミングです。**リフレーミングを行うことで、同じ物事でも受けとめ方や感じ方が変わってきます。**

「相手の枠組み（フレーム）＝好み」に合わせて「伝え方」「受けとめ方」を変えるのが、性格統計学を使ったリフレーミングです。

先述のように「私は、子どもにこんな言い方できない」と言う親御さんがいました。なぜそう言うのでしょうか？　その方に聞くと、「自分には『すごい』という言葉は響かない。だからその言葉を子どもに言うのが嫌だ」という言い分です。しかし、それは親の価値観です。

子どもに「動いてほしい」「やる気になってほしい」と思っているなら、その子がやる気になる言葉でほめたり、励ましたりすることが大事です。この方法を知りながら、親が自分の好みや価値観にこだわっているのはいかがなものでしょうか。ですから、子どもが「すごい」という言葉がうれしいタイプだったら、たとえ親が「すごい」という言葉をあまり使いたくないとしても、演じる気持ちで「すごいね！」と声がけしてあげてほしいものです。

大事なのは自分が好きな言い方かどうか、ではありません。どんな言葉が子どものモチベーションを上げて、どんな言葉がタブーとなるかです。これらを知ってよろこぶ言葉をかけ、タブーとなる言葉を使わないことで、わが子の自己肯定感を上げ、親子関係をよりよくすることができるのです。

リフレーミングの実践例（ロジカル親×ビジョン子の場合）

さらに、**子どもの言動の受けとめ方にも、リフレーミングが役立ちます。**たとえば、「この子は育てにくい」と悩んでいる親御さんがいたとします。「この子はなんでこんなに融通がきかないの？」「ほんとうに頑固なんだから！」というネガティブなとらえ方だけではなく、「この子はしっかり計画を立てて、自分でやりたい子なんだな」「この子は芯がある子なんだな」とポジティブな面からもみてあげましょう（「リフレーミングの例」はＰ１５１を参照）。

子どものネガティブな面を気にするのではなく、親の目線を変えるだけで見え方や受けとめ方はポジティブに変わってくるはずです。

リフレーミングの実践例（ビジョン親×ピース子の場合）

まずは1週間を目標に実践してみましょう

性格統計学を知って試してみても、三日坊主になってしまう人がいます。子育てをしていると、この本で紹介しているような場面が、一日のなかでつぎつぎと出てきますよね。宿題やお手伝いの促しも、ほめ方も、なにもかも一気にやってみよう……と思うと、よほど余裕がなければキャパオーバーになってしまうでしょう。**いきなり完璧にやろうとは思わずに、最初は「ほめ方」から始めてみましょう。そのあと、気になることを少しずつ増やしていってください。**まずは1週間を目標に実践してみましょう。

次のページで「リフレーミングの例」を、152ページで「リフレーミングのワークシート」を紹介していますので、これらを参考にしてください。伝え方や受けとめ方を変えることで、お子さんとのコミュニケーションに小さな変化が生まれることを感じとってみてくださいね。

リフレーミングの例

ロジカル

・**融通がきかない**　意志が強い、計画重視
・**行動が遅い**　慎重に考えている　・**かたい**　しっかりしている
・**ムダを嫌う**　合理的な考え方　・**反応がうすい**　動じない、冷静

ピース

・**相手の意見を聞きたがる**　人の意見を尊重する
・**気を遣いすぎる**　気配りができる　・**話が長い**　話が丁寧
・**頑固**　芯がある　・**優柔不断**　調和を大切にする

ビジョン

・**おおげさ**　表現力が豊か　・**つかみどころがない**　感性豊か
・**落ち着きがない**　元気がいい　・**軽はずみ**　積極的、決断が早い
・**計画性がない**　臨機応変

リフレーミングのワークシート

※左の記入例を参考に活用してください。

▶ 私は ＿＿＿＿＿＿＿＿ タイプ

▶ 相手は ＿＿＿＿＿＿＿＿ タイプ

▶ 私は ＿＿＿＿＿＿＿＿＿＿＿＿ とき、

＿＿＿＿＿＿＿＿＿＿＿＿＿＿＿＿ けど、

▶ 相手は ＿＿＿＿＿＿＿＿＿＿＿＿ とき、

＿＿＿＿＿＿＿＿＿＿＿＿＿＿＿＿ タイプ

▶ 私の価値観で ＿＿＿＿＿＿＿＿＿＿＿＿ と

相手には ＿＿＿＿＿＿＿＿＿＿＿＿ ので、

私は相手に ＿＿＿＿＿＿＿＿＿＿＿＿＿＿

＿＿＿＿＿＿＿＿＿＿＿＿ から、

＿＿＿＿＿＿＿＿＿＿＿＿＿＿＿＿＿＿＿

記入例

リフレーミングのワークシート

※左の記入例を参考に活用してください。

- 私は ピース タイプ
- 相手は ロジカル タイプ
- 私は 叱られる とき、
  叱られている理由や経緯を知りたい けど、
- 相手は 叱られる とき、
  結論から、要点を絞って言ってほしい タイプ
- 私の価値観で 長々と叱る と
  相手には 伝わらないうえに、ストレスになる ので、

私は相手に 同じ失敗を繰り返し
てほしくない から、
結論から、要点を絞って叱ろう

リフレーミングのワークシート

※左の記入例を参考に活用してください。

- 私は ビジョン タイプ
- 相手は ピース タイプ
- 私は ほめてほしい とき、
  「すごい!」と言われるとうれしい けど、
- 相手は ほめてほしい とき、
  「ありがとう」と言ってほしい タイプ
- 私の価値観で 「すごい!」と言う と
  相手には 響かない ので、

私は相手に よろこんでやる気に
なってほしい から、
「ありがとう」と言ってほめてみよう

「伝わる言葉」の大切さ

「ほめる」と「あきらめる」でうまくいく

性格統計学にもとづくほめ方を1週間続けた結果、子どもが進んで宿題をするようになった家庭がありました。けれどもその3日後、子どもは再びやる気を失ってしまい、またもとどおりに。親御さんは「うちの子はやっぱり長続きしない性格」と言いました。詳しく聞いてみると、お母さんもお父さんも宿題をするのが当たり前になり、ほめることを忘れていたのです。つまり、**宿題をしなくなった原因はお子さんではなく、「親がほめ続けなかったこと」にあったのです。**

ここでいま一度、確認しましょう。

子どもは、親とかかわりながら育つ過程で承認欲求が満たされます。小さな成功体験を積んだ結果、自己肯定感が育ち、やる気をもって取り組める子になるとお伝えしてきました。親御さんも毎日の生活が忙しいと思いますが、ほめることを継続するよう心がけてください。

そして、親御さんにしていただきたいことがあります。それは「あきらめる」ことです。「あきらめる」というと悪い意味にとらえる方も多いのですが、これは仏教用語で「あきらかに認める」ことをいいます。「親は親、子どもは子ども」。それぞれのタイプの違いを知って、**子どもの個性を「あきらかに認める」ことで、親子の関係はもっとうまくいくようになる**と思います。

「あきらかに認める」ことができれば、わが子の言動をおおらかに受けとめることができ、子育てがラクになるはずです。そのうえで、**お子さんががんばったときはタイミングを逃さずに、伝わるほめ言葉でほめてあげるのです。そうすれば、お子さんはやる気のある、自己肯定感の高い子に育ってくれることでしょう。**

おわりに

ここまで、お子さんのやる気を引き出し、自己肯定感を高めるために、どのような声がけをしたらいいかについて具体的にお伝えしてきました。

最後にとても大切な話をしますね。それは親御さんの自己肯定感についてです。

親御さんのなかには、子どものころ「親からほめられたことがない」「親の言うことが絶対で従わざるを得なかった」といった親子関係が影響して、自己肯定感が低いと感じている方が多くいらっしゃいます。また自分が親になり、子どもが言うことを聞いてくれなくて、怒ってばかりの自分が嫌で自己肯定感が下がっている方もいます。「よい母親、よい父親であれ」という見えない重圧に押しつぶされそうになりながら、毎日葛藤のなかで子どもと向き合っている方もいらっしゃるでしょう。これが仕事であれば別の職を探すこともできますが、親は「親の立場」を降りるわけにはいきません。周りに相談できる人がいなかったり、相談できる状況になかったりすれば、だんだん子育てがしんどく感じてくると思います。

「自分は自己肯定感が低い」と感じている親御さんは、「自分の子育てにも自信がもてない」とおっしゃる方が多いです。親御さんの自己肯定感が低ければ、子育てにも影響がでてきます。心に余裕がないなかで、言うことを聞いてくれないわが子と一緒にいるとつい怒鳴ってしまって、そして落ちこんで、また自己肯定感が下がってしまう……。そんな悪循環に、多くの親御さんが悩んでいるのです。

ここで、ご自身の自己肯定感を上げる3つのステップをお伝えしたいと思います。

1つ目は、「自分を知ること」、そして「あきらめること」です。本文でもお伝えしましたが、「あきらめる」は仏教用語で「あきらかに認める」という意味です。自分のありのままを知って受け入れ、自分を肯定することが大切です。

ロジカルのマイペースなところも、ピースの相手に合わせてしまうところも、ビジョンの大ざっぱなところも、すべて、それぞれのタイプがもち合わせている個性です。それを認めましょう。そうするだけで自己肯定感が高まります。

2つ目は、「自分とわが子との違いを知って、わが子に合った『ほめ方』から実践すること」です。とにかく1週間続けてみて、できたら自分をほめてあげましょう。うまくいったときの成功体験が、自己肯定感につながります。

3つ目は、「自分の幼少期や思春期の親との関係について振り返ること」です。子どものころに親からほめられたでしょうか、それともほめてもらえなかったでしょうか……。もしほめてもらえなかったと感じていたら、それは親とあなたの性格タイプの違いが原因かもしれません。「親はほめていたつもりだけど、私に伝わっていなかっただけかも」と、受けとめてみるのはいかがでしょうか。受けとめ方を変えただけで、心がとても軽くなったという方が多くいらっしゃいます。

これらは3つの性格タイプを知ることから始まります。日々の生活のなかで、性格統計学を使った「伝え方・受けとめ方」を心がけてみてください。人間関係は今の自分を映す鏡です。親子も同じです。あなたが「伝え方」を変えれば、お子さんは素直に動いてくれるはず。さあ、それを信じて実践してみましょう。